Introduction to Tax Law

租税法入門

菊谷正人
依田俊伸
井上行忠
酒井翔子

同文舘出版

執筆者紹介（章構成順）

菊谷 正人（きくや まさと）　　（法政大学大学院経営学研究科教授）
　　　　　　　　　　　　　　　　　第1章, 第2章, 第3章, 第4章
井上 行忠（いのうえ ゆきただ）　（嘉悦大学経営経済学部教授）
　　　　　　　　　　　　　　　　　第5章, 第6章
酒井 翔子（さかい しょうこ）　　（嘉悦大学経営経済学部専任講師）
　　　　　　　　　　　　　　　　　第7章
依田 俊伸（よだ としのぶ）　　　（東洋大学経営学部教授）
　　　　　　　　　　　　　　　　　第8章

はしがき

　租税は，納税義務者が租税法の規定に基づいて国または地方公共団体に納付する金銭であり，治安の維持，国防，社会保障・生活保護，教育・文化の振興，公共施設の整備等といった社会共通費用の分担金です。我々にとって租税は非常に身近な問題であり，きわめて重要な事項であるはずなのですが，租税を規制する租税法が概して難解な印象を与えていますので，遠い問題として見過ごされがちのようです。

　しかし，納税は国民の義務であり，租税の内容・計算や租税制度を知ることは，租税国家の国民として必要不可欠な一般常識です。本書は，わが国における租税法における必要最低限の重要事項をコンパクトに解説した基本的参考書です。

　一般的に，租税法の条文は，「一読して難解，再読して誤解，三読して不可解，四読して曲解，五読しても無理解」に終わる条文が多いと言われますように，複雑・難解であるため，理解を容易にするために条文を細かく咀嚼しながら，なるべく平易な文章により解説しています。具体的には，まず，租税の特色をはじめ租税法全般にわたる総論的な内容・事項を第1章で概説した後，第2章から第7章までは，重要な国税法・地方税法として法人税・所得税・相続税・消費税・地方税等の税目が明らかにされます。最後の8章では，国税の申告等の手続きに関する基本的事項が説明されています。本書全体を通読すれば，広範・複雑・多岐にわたる租税法の骨格を把握・習得できるはずです。

　本書上梓に際しては，同文舘出版の方々，とりわけ企画および出版の機会を設定して頂き，編集・校正に多大なご協力を賜った編集局長の市川良之氏の御厚情に対し，深い謝意を表します。

　平成28年早春

共著者識

目　次

第1章　租税と租税法の基礎概念

第1節　租税の現代的意義 ……………………………………………… 1
第2節　租税の存立根拠 ………………………………………………… 2
第3節　租税の種類 ……………………………………………………… 3
　　　1．租税の分類基準　3
　　　2．収得税・消費税・財産税・流通税　4
　　　3．直接税・間接税　5
　　　4．従価税・従量税　5
　　　5．普通税・目的税　6
　　　6．内国税・関税　6
　　　7．国税・地方税　6
　　　8．わが国における国税・地方税の税目　7
　　　9．租税の徴収機関　8
第4節　租税法の意義と特質 …………………………………………… 8
　　　1．租税法の意義と種類　8
　　　2．租税実体法　9
　　　3．租税手続法　10
　　　4．租税救済法　10
　　　5．租税処罰法　10
　　　6．国際租税法　11
第5節　租税法の法源 ………………………………………………… 11
　　　1．租税法の法源の意義・種類　11
　　　2．憲　　法　11
　　　3．法　　律　12
　　　4．命　　令　12
　　　5．告　　示　13

　　　　6．条例・規則　13
　　　　7．条　　約　14
　　　　8．通　　達　14
　　　　9．判　　例　15
第6節　租税法の基本原則 -- 15
　　　　1．租税法律主義　15
　　　　2．租税公平主義　16
第7節　租税法の解釈および適用 -- 18
　　　　1．租税法の解釈　18
　　　　2．租税法の適用　20
　　　　3．法令適用の一般原則　21

第2章　法人税法

第1節　法人税の特色 -- 23
　　　　1．法人税の意義　23
　　　　2．法人の種類と納税義務者　24
　　　　3．法人税の課税年度・納税地　25
　　　　4．法人税の申告　26
第2節　所得金額・税額の計算構造 ------------------------------------- 27
　　　　1．法人税の課税標準　27
　　　　2．益金の額　28
　　　　3．損金の額　30
　　　　4．法人税額の計算構造　31
第3節　主な益金関連項目 -- 31
　　　　1．通常の販売による収益　31
　　　　2．特殊な販売収益　32
　　　　3．譲渡収益　36
　　　　4．その他の益金算入項目　37

5．受取配当等の益金不算入　39

　　6．資産評価益の益金不算入　40

第4節　主な損金関連項目 -- 41

　　1．棚卸資産の売上原価　41

　　2．有価証券の譲渡原価　44

　　3．固定資産の減価償却費　47

　　4．固定資産の圧縮記帳損　56

　　5．繰延資産の償却費　57

　　6．資産の評価損　58

　　7．貸倒損失　58

　　8．引当金繰入額および準備金積立額　59

　　9．給　　与　62

　　10．寄　附　金　65

　　11．交　際　費　等　66

　　12．入会金等の費用　69

　　13．不正行為等に係る費用　69

　　14．借　地　権　70

　　15．欠　損　金　71

第5節　法人税の計算 -- 72

　　1．所得金額の計算　72

　　2．法人税額の計算　72

　　3．税　額　控　除　74

　　4．申告と納付　75

第3章　所　得　税　法

第1節　所得税の概要 -- 79

　　1．所得税の特色　79

　　2．所得税の納税義務　84

第2節　所得金額・税額の計算構造 ———————————————— 86
 1．所得税の基本的計算構造　86
 2．総合課税と損益通算　88
 3．所得税額の計算　89

第3節　各種所得の範囲および計算 ———————————————— 89
 1．利子所得　89
 2．配当所得　90
 3．事業所得　92
 4．不動産所得　98
 5．給与所得　100
 6．退職所得　103
 7．山林所得　104
 8．譲渡所得　106
 9．一時所得　108
 10．雑所得　110

第4節　損益通算および純損失の繰越控除 ———————————— 111
 1．損益通算の仕組み　111
 2．純損失の繰越控除　113

第5節　所得控除 ————————————————————————— 114
 1．雑損控除　114
 2．医療費控除　115
 3．社会保険料控除　116
 4．小規模企業共済等掛金控除　116
 5．生命保険料控除　117
 6．地震保険料控除　117
 7．寄附金控除　118
 8．障害者控除　118
 9．寡婦控除・寡夫控除　119
 10．勤労学生控除　119
 11．配偶者控除　120
 12．配偶者特別控除　120

　　　　13．扶養控除　121
　　　　14．基礎控除　121
　第6節　納付税額の計算 ·· 122
　　　　1．算出税額の計算　122
　　　　2．税額控除　124
　　　　3．申告納税額の計算　128
　第7節　所得税の申告，納付および還付 ································ 128

第4章　相続税法

　第1節　相続税・贈与税の意義と課税根拠 ······························ 131
　第2節　納税義務者と法定相続人 ······································ 132
　　　　1．納税義務者　132
　　　　2．法定相続人　132
　第3節　課税財産と非課税財産 ·· 133
　　　　1．課税財産　133
　　　　2．非課税財産　134
　第4節　相続税額の計算 ·· 134
　　　　1．課税価格の合計額の計算　134
　　　　2．相続税の総額の計算　135
　　　　3．各相続人の納税額の計算　136
　第5節　贈与税の相続時精算課税方式 ·································· 138
　第6節　財産評価の基本原則 ·· 140
　　　　1．法定評価　140
　　　　2．財産評価基本通達による具体的評価方法　141
　第7節　相続税の申告と納付方法 ······································ 143
　　　　1．相続税・贈与税の申告　143
　　　　2．相続税の納付方法　144

第5章　消費税法

第1節　消費税の意義と納税義務者 ———————————————— 145
第2節　消費税の課税対象 ————————————————————— 146
　　　1．国内取引　146
　　　2．輸入取引　147
第3節　非課税取引と輸出免税 ——————————————————— 148
第4節　小規模事業者の納税義務の免除（事業者免税点制度） ———— 149
第5節　納税義務の成立時期 ———————————————————— 150
第6節　消費税の課税標準と税率 ————————————————— 150
第7節　仕入税額控除 ——————————————————————— 151
　　　1．仕入税額控除の意義　151
　　　2．仕入控除税額の計算方法　153
　　　3．簡易課税制度（仕入税額控除の特例）　154
　　　4．貸倒れに係る消費税額の控除等　156
第8節　消費税の納税地 —————————————————————— 156
第9節　消費税の申告・納付 ———————————————————— 157
　　　1．国内取引　157
　　　2．輸入取引　158

第6章　その他の主な国税法

第1節　酒税法 ——————————————————————————— 161
第2節　印紙税法 —————————————————————————— 161
第3節　登録免許税法 ———————————————————————— 162
第4節　たばこ税法 ————————————————————————— 163
第5節　揮発油税法 ————————————————————————— 163

第6節 石油ガス税法 ･･ 164
第7節 航空機燃料税法 ･･ 164
第8節 石 油 税 法 ･･ 165
第9節 自動車重量税法 ･･ 166
第10節 関　税　法 ･･ 166
第11節 と ん 税 法 ･･ 167

第7章　地方税法

第1節 道 府 県 税 ･･ 169
 1．道府県民税　169
 2．事　業　税　171
 3．地方消費税　173
 4．不動産取得税　174
 5．自 動 車 税　174
 6．その他の道府県税　175

第2節 市 町 村 税 ･･･ 177
 1．市町村民税　177
 2．固定資産税　178
 3．特別土地保有税　179
 4．事 業 所 税　179
 5．軽自動車税　180
 6．その他の市町村税　180

第8章　国税手続法

第1節　国税通則法 ･･ 185
　　1．納税義務の成立と納付税額の確定　185
　　2．申告納税方式　186
　　3．賦課課税方式　187
　　4．国税の納付および徴収　188
　　5．納税の猶予および担保　190
　　6．国税の還付および還付加算金　191
　　7．附　帯　税　191
　　8．国税の更正，決定，徴収，還付等の期間制限　194
　　9．国税の調査　195
　　10．不服審査および訴訟　197
第2節　国税徴収法 ･･ 200
　　1．滞　納　処　分　200
　　2．滞納処分に関する猶予および停止等　205
　　3．国税と他の債権との調整　206
　　4．第二次納税義務　208
第3節　滞納処分と強制執行等との手続の調整に関する法律 ･･････････････ 210
第4節　国税犯則取締法 ･･ 211

索　　引 ･･･ 213

略語一覧

略語	正式名称
通法	国税通則法
通令	国税通則法施行令
徴法	国税徴収法
行訴法	行政事件訴訟法
滞調法	滞納処分と強制執行等との手続の調整に関する法律
国犯法	国税犯則取締法
所法	所得税法
所令	所得税法施行令
所規	所得税法施行規則
所基通	所得税基本通達
法法	法人税法
法令	法人税法施行令
法規	法人税法施行規則
法基通	法人税基本通達
耐令	減価償却資産の耐用年数等に関する省令
耐通	耐用年数の適用等に関する取扱通達
相法	相続税法
相基通	相続税法基本通達
財基通	財産評価基本通達
消法	消費税法
消令	消費税法施行令
消基通	消費税法基本通達
消転措法	消費税の円滑かつ適正な転嫁の確保のための消費税の転嫁を阻害する行為の是正等に関する特別措置法
酒法	酒税法
印法	印紙税法
登法	登録免許税法
た法	たばこ税法
揮発法	揮発油税法
石ガス法	石油ガス税法
航燃法	航空機燃料税法
油法	石油税法

自重法・・・・・・・・・・・・・・・・	自動車重量税法
関法・・・・・・・・・・・・・・・・・・	関税法
関定法・・・・・・・・・・・・・・・・	関税定率法
関暫措法・・・・・・・・・・・・・・	関税暫定措置法
とん法・・・・・・・・・・・・・・・・	とん税法
措法・・・・・・・・・・・・・・・・・・	租税特別措置法
措令・・・・・・・・・・・・・・・・・・	租税特別措置法施行令
措通・・・・・・・・・・・・・・・・・・	租税特別措置法関係通達
復興財源確保法・・・・・・・・	東日本大震災からの復興のための施策を実施するために必要な財源の確保に関する特別措置法
地法・・・・・・・・・・・・・・・・・・	地方税法
地令・・・・・・・・・・・・・・・・・・	地方税施行令
地附・・・・・・・・・・・・・・・・・・	地方税法附則
復興財源地方臨特法・・・・	東日本大震災からの復興に関し地方公共団体が実施する防災のための施策に必要な財源の確保に係る地方税の臨時特例に関する法律

租税法入門

第1章
租税と租税法の基礎概念

第1節　租税の現代的意義

　租税とは，**納税義務**（租税法律関係において租税債務を負うこと）につき法律が定める要件に該当するすべての者に対し，**公法上の団体**（国または地方公共団体）が一般経費等に充てる財源（資金）を調達するために課す金銭給付である。

　「租税」は，法律の規定に基づいて財政権（課税権）を行使することにより，特別の給付に対する反対給付を付与することなく，「公法上の団体」が国民・事業体等から強制的に無償で徴収する金銭である。すなわち，租税の特色としては，①公益性，②権力性，③非対価性，④金銭給付性の4点が挙げられる。

　①　公益性

　国または地方公共団体は，道路・上下水道・港湾・公園等の公共施設を整備し，教育促進・科学振興・文化向上・治安維持・災害防止・国防・社会保険・生活保護等の公共サービスを提供するために，莫大な資金を必要とする。租税は，その資金を調達する手段であり，公共施設の整備・公共サービスの提供という「公益性」のために徴収される社会共通の費用分担金である。租税は，国または地方公共団体が公益のための一般経費等に充てる目的で徴収する収入である。

　②　権力性

　租税は，財政資金を得るために強制的に徴収する金銭であるから，一方的・権力的課徴金の性質をもつ。すなわち，国等の課税権の行使により強制的に財産の一部を国等に移す手段であり，「財産権の侵害」という性質をもつ。そのため，近代以後の租税国家においては，租税の賦課・徴収を行うには必ず法律の規定に基づかなければならない**租税法律主義**が採用されている。

③ 非対価性

租税は，無償の金銭的給付であり，反対給付の性質をもたない。租税には，「金銭的給付に対する非対価性」の性質があり，特別のサービスの提供を受けたことに対する対価（反対給付）の性質をもつ使用料・手数料とは異なる。

④ 金銭給付性

租税は，明治時代の前には，収穫した米の一部を現物で納める**年貢**，労役の一種の**助郷役**（すけごうやく）などの形態で負担されていた。おおよそ3世紀頃に統一国家として確立したと思われる大和朝廷では，穀物や織物を納める租（たちから）や調（みつぎ），肉体労役の役（えだち）が主な租税であったが，645年の「大化の改新」により中国の律令制をモデルにして**租庸調制度**が導入された。「租」とは田租（米），「庸」とは役の代わりの物品等，「調」とは織物等の納付であった。

今日の貨幣経済時代においては，租税は，**物納**や労役ではなく，**金銭給付**によることを原則とする。ただし，例外的に相続税の「物納」が認められている。

第2節　租税の存立根拠

国または地方公共団体はどのような理由で課税権をもち，国民または事業体等はどのような理由で租税を負担・納付しなければならないのかという**租税の存立根拠**が，財政学上の問題として論じられてきた。その主な学説としては，①公需説，②保険料説，③利益説，④義務説が挙げられる。

① 公需説

公需説は，16世紀から17世紀にかけてドイツ官房学派が主張した学説であり，国家の職分である公共福祉を維持・増進するためには，その財源として国家は租税を徴収してもよいという考え方である。君主は下級領主に軍役・出廷の義務を負わせるが，何らかの公課を課すことは原則として認められていなかったため，道路・橋梁（きょうりょう）の補修といった公共のために必要な財源を確保できない場合に限り，公の需要を満たすために租税を課すことができるという説である。

② 保険料説

保険料説は，モンテスキューが唱えた学説であり，国家は国民の生命・財産の保護など，保険者としての役割を果たし，国民はいわば被保険者として租税を支

払う必要があるので，租税は一種の保険料であるという学説である。
③ 利益説

利益説（**交換説**ともいう）は，18世紀から19世紀にかけてフランス重農学派，アダム・スミス等のイギリス正統学派によって説かれた学説である。利益説または交換説によれば，国民は国家の公益活動により利益を受けるので，その利益の代償として租税を支払うべきである。国家が国民に与える利益と，国民が国家に支払う租税が相等しく交換されるべきであるという考え方に基づくので，利益に応じて課税される**租税応益説**が主張されている。ただし，国家から受ける利益とその代償として支払う租税との間には事実上の対応関係はないので，国家から大きな利益を受ける者が多くの租税を納付しているとは限らない。

④ 義務説

義務説は，イギリスのミルが唱えた**犠牲説**を基調にして，ドイツのワグナーによって大成された学説である。義務説または犠牲説によれば，国家は国民が生活を営む上で必要な共同機関であり，国民にとって生活上不可欠な機関である国家を維持するために租税を分担するのは国民としての当然の義務である。国家は有機的な存在であり，その存在を維持する必要経費を賄うために当然に課税権をもち，国民は当然に納税の義務を負う。そこでは，その義務をいかに国民に対して公平に負担させるかという**租税負担公平性**の問題が生じるが，それぞれの国民が有する**担税力**（租税を負担する能力）に応じて納税義務を負うべきであるとする**租税応能説**が主張されることになる。この考え方に従えば，租税負担は国家から受ける利益の程度に対応する必要はない。

第3節　租税の種類

1．租税の分類基準

租税は，その性質・内容等の相違によって種々に分類することができる。たとえば，次のような**租税の分類基準**がある。
① **税源**（担税力があり，租税が支払われる源，すなわち税収を得ることがで

きる状態)の相違を基準とする分類(収得税・消費税・財産税・流通税)
② **納税義務者**(租税法律関係において租税債務を負う者)と**担税者**(租税を実質的に負担する者)が一致するか否か,すなわち納税義務者から担税者へ**租税の転嫁**があるか否かを基準とする分類(直接税・間接税)
③ 公法上の団体における租税の使用目的を基準とする分類(普通税・目的税)
④ 国境の内外を基準とする分類(内国税・関税)
⑤ **課税物件**(課税の対象となる物,行為または事実。課税客体ともいう)の**課税標準**(課税物件の価額・数量等)を金額とするのか数量とするのかを基準にする分類(従価税・従量税)
⑥ **課税権・徴収権**(租税を賦課・徴収できる権利)の主体を基準とする分類(国税・地方税)

2. 収得税・消費税・財産税・流通税

担税力の標識をどの時点の「税源」に求めるのかによって,すなわち税源の相違を基準にして「収得税」,「消費税」,「財産税」,「流通税」に分類できる。

収得税は,収入を得ているという事実に対して課される租税であり,これには「収益税」と「所得税」がある。**収益税**は,所得を生む収益そのものに課される租税であり,**所得税**(または**利益税**)は,収益から原価・費用・損失を控除した利益(または所得)を総合的担税力の標識とみなして課される租税である。「収益税」には事業税・鉱産税があり,「所得税」(利益税)には法人(所得)税,(個人)所得税,住民税等がある。

消費税とは,物品・サービスを購入・消費するという事実に対して課される租税であり,これには「直接消費税」と「間接消費税」がある。**直接消費税**は,入湯税・ゴルフ場利用税等のように消費行為そのものを直接課税対象にするのに対し,**間接消費税**は,事業者によって納付された租税が物品・サービスの価格に含められて最終消費者に転嫁される。「間接消費税」には,課税対象とされる物品・サービスの範囲の相違により,特定の物品・サービスのみを対象とする**個別消費税**,すべての物品・サービスを対象とする**一般消費税**に分けられ,課税段階の数の相違によって,製造から小売りまでの取引段階で1回しか課税されない**単段階消費税**,複数の取引段階で課税される**多段階消費税**に分けられる。わが国の消費

税法における「消費税」は多段階一般消費税である。

財産税とは，財産の所有という事実に対して課される租税であり，「一般財産税」と「個別財産税」に分けることができる。**一般財産税**は，所有財産の全部または純資産に課税されるのに対し，**個別財産税**は，特定種類の財産のみを課税対象とする。「一般財産税」には，昭和21年に臨時的に課された**財産税**，昭和25年に採用された**富裕税**（昭和28年に廃止）等があり，「個別財産税」には，代表的なものとして固定資産税・自動車税等がある。なお，**相続税**（および贈与税）は相続等によって取得した財産に課税する遺産税，相続等によって遺産を収得したという事実に課税する遺産取得税として考えられるが，前者を採る場合には「財産税」に属するが，後者の場合には「所得税の補完税」としての役割を果たす。

流通税とは，一定の財産権の取得・移転という事実に基づいて課される租税である。これには，不動産取得税・登録免許税等がある。

3. 直接税・間接税

納税義務者が租税負担の全部または一部を取引価格によって取引相手方（担税者）に移し替えることを**租税の転嫁**という。「租税の転嫁」を予定しているか否かによって，すなわち**納税義務者**と**担税者**が重複するか一致しないかによって「直接税」と「間接税」に分けられる。

直接税とは，所得税・法人税・相続税等のように，納税義務者と担税者が実質的に同一である租税である。

間接税とは，酒税・たばこ税・消費税等のように，納税義務者と最終的な担税者が異なる租税である。間接税は，納税義務者によって納付された租税が物品・サービスの価格に含められ，最終的には消費者（担税者）により負担される租税である。

4. 従価税・従量税

「課税標準」の内容に基づいて，金額または価額に税率を適用する**従価税**，数量・件数等に税率を適用する**従量税**に分けられている。

たとえば，所得税・法人税・相続税のように，所得金額・課税遺産額に応じて

税率を適用する租税は「従価税」，たばこ税・揮発油税等のように，数量・件数等に応じて税率を適用する租税は「従量税」と呼ばれている。

5. 普通税・目的税

課税権・徴収権の主体である「国」または「地方公共団体」が，租税収入を使用目的に応じて一般経費または特定経費に充てるかによって，「普通税」と「目的税」に分けられる。

普通税とは，租税収入が国または地方公共団体の一般会計に組み入れられ，一般経費に充てられる租税である。

目的税とは，租税収入が国または地方公共団体の特別会計に組み入れられ，電源開発促進税・地方道路税・入猟税・都市計画税等のように，特定の経費に充てる目的で課される租税である。

租税は「普通税」であることを原則とするが，「目的税」は，その使途が特定されているので，例外的に設けられている。

6. 内国税・関税

国境の内外を基準にして，国境内にある物品・人に対して課される租税を**内国税**，国境を通過する物品（輸入貨物）に対して課される租税を**関税**に分けられる。関税は，税収をあげることを目的とする「財政関税」，外国産業に対して国内産業を保護する目的で課される「保護関税」に分けられる。

7. 国税・地方税

課税権者（租税を賦課・徴収する課税権の主体）を基準にして，国にあれば**国税**，地方公共団体（都道府県と市町村の総称）にあれば**地方税**に分けられる。

「地方税」は，さらに**都道府県税**と**市町村税**に分けられる。なお，東京都の場合，**都税**は道府県民税，**区税**は市町村税に該当する。

8. わが国における国税・地方税の税目

前述したように、当該租税の課税権が国にあれば「国税」、地方公共団体にあれば「地方税」という。地方税は、さらに「都道府県税」と「市町村税」に分けられ、地方税法により規定されている。わが国における国税・地方税の税目を列挙すれば、下記のとおりである。

(A) 国　税
　(a) 直接税
　　(1) 収得税（所得税、法人税）
　　(2) 財産税（相続税、贈与税、地価税（現在、課税停止））
　(b) 間接税
　　(1) 消費税（消費税、酒税、たばこ税、揮発油税、地方道路税、石油ガス税、航空機燃料税、石油税、電源開発促進税）
　　(2) 流通税（自動車重量税、印紙税、登録免許税、とん税、特別とん税）
(B) 地方税
　(a) 道府県税
　　(1) 普通税（道府県民税、事業税、地方消費税、不動産取得税、道府県たばこ税、ゴルフ場利用税、自動車税、鉱区税、狩猟者登録税）
　　(2) 目的税（軽油引取税、入猟税）
　(b) 市町村税
　　(1) 普通税（市町村民税、固定資産税、軽自動車税、市町村たばこ税、鉱産税、特別土地保有税）
　　(2) 目的税（事業所税、入湯税、都市計画税、水利地益税、共同施設税、宅地開発税、国民健康保険税）

前述したように、東京都の場合、**都税**は道府県民税に、**区税**は市町村税に該当するが、「市町村税」として賦課・徴収される固定資産税・都市計画税・入湯税・特別土地保有税・法人都民税等は「都税」として徴収される。

「固定資産税」の対象となっている大規模建造物または法人の本店が特定の区に偏在しているので、特別区内の税収が特定の区に集中しないように、都が一括して徴収し、**財政調整交付金**の形で各特別区に適正な金額を配分することになっている。

9. 租税の徴収機関

所得税，法人税，相続税，消費税等の**国税**を徴収する機関は**国税庁**であり，財務省の外局として位置づけられている。「国税庁」は，国税に関して執行する「国税局」を直接指揮・監督する官庁である。**国税局**は，東京，関東信越，大阪，札幌，仙台，名古屋，金沢，広島，高松，福岡および熊本の11局に分かれ，沖縄県には沖縄国税事務所が置かれている。国税局および沖縄国税事務所は，管内の税務署（524署）を指揮・監督することになっている。国税庁長官は，国税局長・税務署長に対して租税法に関する逐条的解釈・取扱を示す**通達**を発遣している。

国税に対しては，納税義務者が自らの課税標準を計算し，その税額を算出し，これを申告・納付することになっている。この課税制度を**申告納税制度**という。

道府県民税，事業税，市町村民税，固定資産税等の**地方税**を徴収する機関は各都道府県・市町村であり，地方税は各地方団体から賦課・徴収される。地方税法では，納税義務者・納税額を確定し，納税を告知することを**賦課**といい，告知後における地方税の完納までを**賦課徴収**と呼んでいる。賦課徴収を行う権限は各地方公共団体の長にあるが，実際には，任命された**徴税吏員**（職員）が賦課徴収を行っている。

なお，「地方自治の原則」に基づいて負担限度・地域的均衡等を保つために，地方税法で求める**標準税率**のほかに「制限税率」の設定が認められている。地方公共団体ごとの特別な事情（たとえば，災害復旧，地域開発等）によって，一定の範囲内で**制限税率**を適用することができる。

第4節　租税法の意義と特質

1. 租税法の意義と種類

租税法（単に**税法**ともいう）とは，租税に関する法規の総称・体系である。租税法の内容は，租税に関する権利・義務の関係，すなわち**租税法律関係**の規律にある。その租税法律関係の具体的・実質的な規律の内容あるいは租税法の機能に

従って租税法を大別すれば,「租税実体法」(租税債務法),「租税手続法」(租税行政法),「租税救済法」(租税争訟法),「租税処罰法」(租税制裁法) および「国際租税法」に分けられる。

この場合,租税実体法・租税手続法・租税救済法・租税処罰法・国際租税法というような個別名称化した固有の法律が存在しているのではなく,たとえば所得税法・法人税法・相続税法・消費税法・国税通則法・国税徴収法等の個別税法および租税条約等の中で設けられている規定を取捨選択して,租税実体法・租税手続法・国際租税法等として大別・総称化しているに過ぎない。

2. 租税実体法

国または地方公共団体の課税権・徴収権,国民・事業体等の納税義務の成立・承継・消滅,課税要件(納税義務者・課税物件・課税物件の帰属・課税標準・税率等)等の実体面を規定している法規を総称して**租税実体法**という。つまり,租税実体法は,納税義務(課税権)または租税債務関係という法律効果が生じる法律要件に関する法規を中心としている。

国税に関しては,「租税実体法」は,所得税法・法人税法・相続税法等の個別税法,所得税法施行令・所得税法施行規則等の関係法令で構成されている。

国税の法律要件は,**単税一法主義**により租税の種類ごとに単独に個々の税法で定められている。たとえば,所得税は「所得税法」,法人税は「法人税法」,酒税は「酒税法」,揮発油税は「揮発油税法」,登録免許税は「登録免許税法」によって規定される。例外的に,「相続税法」は,「相続税」およびその補完税としての「贈与税」を規定しており,**複税一法主義**を採用している。

なお,**地方税**に関しては,**複税一法主義**により**地方税法**という一つの法律の中ですべての地方税が規定されている。憲法第94条により,地方公共団体(地方税法では,**地方団体**という)に対して財産管理,事務処理および行政執行の権限が与えられ,法律の範囲内で地方税に係る**条例**を制定することができる。

地方公共団体が賦課・徴収する「地方税」は「地方税法」により統一的に規定されているが,地方税の賦課徴収には,それぞれの地方公共団体が「地方税法」に基づいて独自に**条例**を定めなければならない。すなわち,地方税の税目,納税義務者,課税物件,課税標準,税率等を規定するには,各地方公共団体が「条

例」を設ける必要がある。また，地方公共団体の長は，条例の実施に際して必要な**規則**を設定することができる。

3. 租税手続法

租税の賦課・徴収に関する具体的手続面を規定している法規を総称して，**租税手続法**という。「租税手続法」は，納税義務者による申告・納付手続，税務官庁による課税処分手続（更正，決定），納税義務者による申告是正手続（修正申告，更正の請求），税務官庁による滞納処分手続等（督促，差押え，換価等）を中心とする法規である。

租税実体法における個別税法もそれぞれの手続規定が設けられているが，「租税手続法」は租税全般に共通する手続規定を示した国税共通法であり，「国税通則法」，「国税徴収法」等がこれに該当する。

4. 租税救済法

納税義務者の権利を保護するために，税務官庁による課税処分・滞納処分に対する不服申立・取消訴訟等を規定している法規を総称して**租税救済法**という。

租税救済法は，課税処分・滞納処分等に対する不服申立の手続（異議申立，審査請求），課税処分の取消訴訟手続（税務訴訟）に関する国税共通法である。

「租税救済法」には，「行政不服申立に対する行政不服審査法」，「税務訴訟に対する行政事件訴訟法」がある。

5. 租税処罰法

租税法違反に関する具体的な制裁を規定している法規は，**租税処罰法**と総称されている。「租税処罰法」は，納税義務者の申告義務違反等に課される加算税（過少申告加算税・無申告加算税・不納付加算税・重加算税），租税犯および租税犯則事件の調査手続に関する法規である。

租税処罰法には，加算税に関して「国税通則法」，租税犯に関して個別税法における罰則規定，租税犯則事件の調査手続に関して「国税犯則取締法」がある。

6. 国際租税法

　国境を越えて行われる国際商品取引（貿易）・国際サービス取引・国際技術取引・国際投資・国際金融等に対する課税を規律している国内税法（たとえば，所得税法，法人税法，租税特別措置法），租税条約等の規定を総称して**国際租税法**という。

　「国際租税法」は，国内税法・租税条約等の中において，国民・内国法人等の国際取引に対する課税および外国人・外国法人等に関する課税関係を規律する規定の総称である。

第5節　租税法の法源

1. 租税法の法源の意義・種類

　法的拘束力を有する法の存在形式は**法源**と呼ばれるが，租税に関する「法源」としては，憲法・法律・命令・告示・条例・規則等の国内法規，租税条約・交換公文等の国際法源が存在する。

　通達は法源ではないが，租税に関する通達は納税額計算・申告等の具体的な基準となるものであり，事実上，法源と等しい法的拘束力をもつ。

　また，裁判所の判断として判示された判例も法規ではないが，法規と同じ拘束力を有する場合には，法源となる。

2. 憲　　法

　憲法は国の最高法規であるので，憲法の定めに違反する法令や行政庁の行為は無効となる。憲法第30条では，「国民は法律の定めるところにより納税の義務を負ふ」と規定され，国民に納税義務の存在を明らかにし，納税の根拠を「法律」の定めることを明記している。

　また，第84条が「あらたに租税を課し，又は現行の租税を変更するには，法律

又は法律の定める条件によることを必要とする」と規定しているように，国民は法律の定める課税要件を満たしている場合に，納税義務を負うことになる。これを**租税法律主義**といい，国民の納税義務を明らかにするとともに，公法上の団体の課税権に一定の制限を加えている。

このほかに，第14条第1項には，「すべての国民は，法の下で平等であって，人種，信条，性別，社会的身分又は門地により，政治的経済的又は社会的関係において，差別されない」と規定されているが，この条文が**租税公平主義**の根拠規定である。

3. 法　　律

「租税法律主義」の下では，国会で制定される**法律**が租税法の法源として中心的な地位を占める。

国税に関する法律には，国税通則法・国税徴収法・国税犯則取締法等のような**通則的法規**，所得税法・法人税法・相続税法等のような**個別的法規**がある。さらに，国税に関して特例規定を定める**特別法**として，租税特別措置法がある。また，関税については，関税法・関税定率法・関税暫定措置法がある。

地方税に関する統一法典である**地方税法**は，第1章で通則的規定を設け，第2章以下で各地方税の課税要件・徴収手続等を定めている。地方公共団体が賦課・徴収する「地方税」は「地方税法」により統一的に規定されているが，地方税の賦課徴収には，それぞれの地方公共団体が「地方税法」に基づいて独自に**条例**を定めなければならない。

4. 命　　令

「租税法律主義」の下では，租税の課税要件・徴収手続等をすべて法律に定める必要があるが，これでは，法規定が複雑・膨大化するので，専門的・手続的事項は「命令」に委任する形で規定されている。

命令とは，行政が制定する法規の総称であり，法律を具体的に執行するために制定されている。命令には，「政令」と「省令」があり，租税法の領域では重要な法源となっている。

政令とは，内閣が制定する命令であり，法律制定の細目・計算の細目等を定めている。たとえば，「法人税法施行令」という名称で公布される。

省令とは，各省大臣が発令する命令であり，法律の規定を実施するために必要な手続的事項・様式等を定めている。たとえば，財務省令として「法人税法施行規則」という名称で制定されている。

5. 告　示

「国家行政組織法」第14条によれば，**告示**とは，各省大臣が当該省の所轄事務に関する必要事項を公示する行為またはその行為の形式である。

告示は，一般に国民を拘束する性質のない行政規則であるが，法律・政令に基づく一定の告示には，納税義務を確定するものがあり，租税法の法源となっている。たとえば，法人税法第37条第4項によりその全額を損金の額に算入できる**指定寄附金**は，財務大臣が指定し，財務省告示で官報に掲示されるものに限定される。

包括的指定告示として，各都道府県共同募金会，日本赤十字社に対する寄附金等が指定されている。このほかに，重要文化財の補修・収蔵費用，国際会議開催費用等に対する寄附金が**個別指定告示**として指定されている。

6. 条例・規則

「地方税法」第3条によれば，地方税の税目・納税義務者・課税物件・課税標準・税率その他賦課徴収に関する定めは，地方公共団体の**条例**によらなければならない。すなわち，地方税の賦課徴収には，各地方公共団体は地方税法に基づいて独自に「条例」を設ける必要がある。また，地方公共団体の長は，条例の実施のための手続きその他施行に必要な事項を**規則**で定めることができる。

地方税法はあくまでも準則法であり，地方公共団体が制定する租税条例・租税規則が地方税の法源となる。

7. 条　　約

　租税に関して締結された条約（**租税条約**という）は，国内法的効力を有し，租税法の法源となる。租税条約の多くは所得課税に関する条約であり，租税条約の主たる目的は，「国際二重課税の防止協定」ともいわれるように，国際間に生じる同一所得に対する二重課税を排除することにある。

　租税条約では，一般的に，対象税目，事業を行う一定の場所である恒久的施設（permanent establishment：PE），各種の所得（事業所得，国際運輸業所得，譲渡所得，特許権使用料等）に対する課税上の原則，国際二重課税の排除方法，情報交換等が規定されている。

　条約のほかに，実質的に条約の一部を構成する議定書・交換公文がある。「議定書」は，国会で承認されなければならないので，条文と同じ取扱いを受けるが，「交換公文」は，国会における承認を必要とせず，政府間協定に該当するので，政令に準ずるものとされている。

　なお，外交使節等の非課税特権に関する規定（ウィーン条約第23条）等も，租税に関して確定された国際法規として，租税法の法源となり得る。

8. 通　　達

　通達とは，上級行政庁が法令の解釈・税務行政の運用方針に関して下級行政庁の権限行使を指図する命令書であり，「執行通達」と「解釈通達」がある。

　執行通達は租税に関する行政事務の執行の命令であり，**解釈通達**（取扱通達）は国税庁長官が税務官庁（国税局・税務署）に対し租税法に関する逐条的解釈・取扱基準を示す命令である。「解釈通達」には，全国統一的な解釈・運用を図る**基本通達**および個々の問題に関する法律の解釈を示す**個別通達**がある。

　通達は，下級行政庁またはその職員に拘束するものであり，納税者には拘束するものではないので，法源ではないが，租税に関する通達は，租税に関する詳細な具体的指針・基準となって活用されているので，実務的には法源と同等の法的拘束力をもつ。

9. 判　例

　裁判所の判決は，紛争解決のための判断であり，法規ではない。ただし，判決（特に，最高裁判所の判決）のうち法解釈として合理的であり，一般に定着し，受け入れられれば，先例として尊重される**判例**となり，法規と同等の法的拘束力を有する。

第6節　租税法の基本原則

1. 租税法律主義

　前述したように，**租税法律主義**とは，租税法の規定によってのみ納税義務者は納税義務を負い，国または地方公共団体が租税の賦課・徴収を行うには，必ず租税法または租税法の定める条件によることが必要であるとする原則である。

　租税法律主義は，租税法の根拠に基づいた納税義務を明示するとともに，課税権・徴収権の行使に一定の制約を加えている。租税法の規定に従うことを条件にして国または地方公共団体の課税権・徴収権は保障され，他方，租税法の規定を超えてまで納税義務者の納税義務は行使されず，その限りにおいて納税義務者の財産権は保障されている。

　この租税法律主義の内容は，「課税要件法定主義」，「課税要件明確主義」および「手続的保障原則」から構成される。

　課税要件法定主義とは，納税義務の成立のために，「納税義務者」，「課税物件」，「課税標準」，**税率**（税額の算出のために課税標準に対して適用される比率）等の**課税要件**，納付方法・徴収手続きを法律によって直接的に規定しなければならないという原則である。

　課税要件明確主義とは，「課税要件」を法律で規定する場合，当該規定の内容は可能な限り一義的で明確でなければならないとする原則である。課税要件に関して多義的で曖昧な規定が設けられれば，解釈の相違により公権力が乱用されたり，自由裁量が容認されたりする。このような弊害を防止するためには，「課税要

件の明確化」が必要である。

租税の賦課徴収は，納税義務者の財産権を侵害する公権力行使であるから，法律に基づき適正な手続きで行われなければならない。これを**手続的保障原則**といい，税務当局による恣意的課税を抑制する機能をもつ。

2. 租税公平主義

(1) 立法上の租税公平主義

租税公平主義（**租税平等主義**ともいう）とは，租税法規・税務行政処分によって納税義務者の租税負担・租税法律関係が平等に取り扱われなければならないとする原則である。

前述したように，法の下で平等であって，政治的・経済的・社会的関係において，差別されないと規定する憲法第14条第1項の条文が，「租税公平主義」の根拠規定であるとされている。租税公平主義は，租税負担の公平・平等を要請・保障するが，それにとどまらず，租税法律関係における納税義務者の一切の取扱いが公平・平等であることを要請・保障する。

その場合，課税の公平・平等を実施する尺度・基準として，財政学上，「租税応益説」と「租税応能説」という二つの対立する考え方がある。

租税応益説とは，納税義務者が国家に支払う租税は，国家から直接・間接に受ける利益の量（受益量）に基づいて公平・平等に納税義務者に課されるべきであるとする学説である。前述したように，この学説は「利益説」または「交換説」における課税の公平・平等の実現基準を提示するが，国家からの受益量と納税義務者の租税負担の間に比例的関係は存立しないのが通常であるので，国家から大きな利益を受ける者が多くの租税を支払っているとは限らない。

租税応能説とは，納税義務者の担税力に応じて租税負担を公平・平等に配分するべきであるとする学説である。前述したように，この学説は「租税義務説」における課税の公平・平等の実現基準を提示しており，担税力に即した課税を標榜している。

なお，課税の公平・平等を実現するためには，一般に，「水平的公平」と「垂直的公平」の確保が要請される。

水平的公平とは，同一の経済状態にある納税義務者に対しては租税負担を均等に配分することである。すなわち，等しい租税給付能力は差別なしに課税されなければならないとする課税公平性である。

垂直的公平とは，異なる経済状態にある納税義務者に対しては異なる租税負担を配分することである。すなわち，より高い租税給付能力はより低い租税給付能力より強く課税されなければならないとする課税公平性である。

この両者の要請は一見矛盾するが，租税負担に対する画一的な「平均的正義」ではなく，同じ状況にある者の間では等しく，異なる状況にある者の間では等しくないように合理的な差別を施す「配分的正義」には適合する。

ただし，租税法上の配分的正義に適合した合理的差別を具体的に決め，立法化するには，両者の組合わせの合理的妥当性，差別の合理的な許容範囲等が問題となる。租税法を立法化するに際しては，租税負担の平等を保障する公平な法令が設定されなければならない。これを**立法上の租税公平主義**という。

(2) 執行上の租税公平主義

「立法上の租税公平主義」が立法の段階で確保されたとしても，立法化された規定が公平に執行されなければ，租税負担の公平は実現したとは言い難い。租税公平主義は，立法時において公平な取扱いを要請すると同時に，租税法の執行時にも公平な取扱いを要求する。租税法における規定の執行（解釈の適用）に際しては，同じ状況にある者に対して同じ取扱いが実施されなければならない。これを**執行上の租税公平主義**という。

「執行上の租税公平主義」は，租税法の「解釈」および「適用」に当たって，合理的な理由もなく同じ状況に対して異なる取扱い，異なる状況に対して同じ取扱いを禁止する原則である。すなわち，このような執行上の禁止によって，「執行上の租税公平主義」は担保される。

第7節　租税法の解釈および適用

1．租税法の解釈

(1)　規定の種類

租税法の解釈とは，租税法が規定している意味内容を明らかにし，これを確定することをいう。租税法に限られたことではないが，法令の規定（条文）は，その性質ごとに法律効果を異にする。したがって，租税法の解釈上，規定の種類とその性質を理解することが必要である。規定の種類は，たとえば，次のように分けることができる。

①　強行規定と任意規定

強行規定とは，当事者の意思に係わりなく無条件で適用される規定であり，**任意規定**とは，当事者が当該規定の効果と異なる効果を得ることができる規定である。

強行規定に反する行為を行った場合には，当該行為の効力は否定されるが，任意規定によれば，特に意思を表示しなかった場合に当事者の意思が補充される効果を有するに過ぎない。租税法では，課税・徴税が公平に行われる必要があり，当事者の任意な意思や恣意的な合意は避けるべきであるので，ほとんどの規定は「強行規定」である。

なお，強行規定に類似する規定として「取締り規定」がある。この規定に反する行為の効力は否定されないが，当該行為に関しては罰則が適用される。

②　定義規定とみなし規定

定義規定とは，法令用語の意味を正確に限定する規定である。たとえば，法人税法第二条は，「この法律において，次の各号に掲げる用語の意義は，当該各号に定めるところによる。」と規定した後に，各号として，「ハ　人格のない社団等　法人でない社団又は財団で代表者又は管理人の定めがあるものをいう。」等と定義している。

みなし規定とは，ある事柄に別の事柄と同一の法的効果を生じさせる機能をも

つ（つまり，同一とみなされる）規定である。たとえば，法人税法第三条は，「人格のない社団等は，法人とみなして，この法律（別表第二を除く。）の規定を適用する。」と定めているが，法人でない「人格のない社団等」を納税義務者としての「法人」とみなし，法人税法の適用範囲に入れている。

③　効力規定と訓示規定

効力規定とは，当該規定に違反すると行為の効力がただちに否定される規定であり，**訓示規定**とは，一定の義務を課すが，当該規定に反しても罰則・不利益を課さない規定である。本来，規定は効果を意図して設定されているので，ほとんどの規定は効力規定であり，一定の努力目標を示す訓示規定は少ない。

(2) 規定の解釈方法

法令規定をどのように解釈していくのかという**規定の解釈方法**の相違によって，納税義務者・課税標準・税率等の課税要件が異なってくるので，「規定の解釈」は**法的安定性**や**予測可能性**にとって重要である。「規定の解釈方法」は「文理解釈」と「論理解釈」に大別され，さらに後者には，「縮小解釈」，「反対解釈」，「類推解釈」，「拡張解釈」および「補正解釈」がある。

①　文理解釈

文理解釈とは，当該規定の文言・文章の意味を重視し，その普通の意味に従う解釈である。文言・文章によって法令の意思・内容は伝達されているので，当該規定における文言・文章の意味に従って解釈する「文理解釈」が，成文法の解釈として最も基本的な解釈方法である。

租税法は「侵害規範」（国民に負担を要求する規範）の代表的な法律であり，**法的安定性**を要請するので，租税法の解釈は「文理解釈」によるべきであり，「拡張拡釈」や「類推解釈」は許されない。

なお，文理解釈を行う場合，租税法独自に用いている固有概念（たとえば，益金，損金，益金不算入，損金不算入）ばかりではなく，民法・会社法等の他の私法で用いられている**借用概念**（たとえば，親族，相続）も利用される。

②　論理解釈

論理解釈とは，「文理解釈」とは異なり，いたずらに当該規定の文言・文章にこだわることなく，条文の論理的意義を重視し，その趣旨・目的に即して解釈する方法である。**目的論解釈**ともいわれている。

縮小解釈とは，規定の文言・文章の意味や概念等を立法趣旨に照らして制限的・縮小的に解釈する方法であり，**制限解釈**ともよばれる。

　反対解釈とは，類似する二つの事項のうち，その一つについてのみ規定があるとき，他の事項については反対の結果を認める（一定の要件を付しているときに，その要件に該当しない場合には，当該規定の適用がないと解釈する）方法である。租税法では，規定されていない事項の効果は認められるべきではないので，反対解釈による場合も多い。

　類推解釈とは，類似事項のうち，その一つについてのみに規定があるとき，規定がない事項についても同様の結果を認めるように解釈する方法である。租税法律主義の見地から，「類推解釈」は許されない。

　拡張解釈とは，規定の文言・文章の意味や概念等を立法趣旨に照らして広く解釈する方法である。「拡張解釈」も，租税法律主義の見地から許されない。

　補正解釈とは，当該規定の文言・文章を変更して，別の意味に解釈する方法であり，**変更解釈**ともよばれる。租税法上，「補正解釈」は許されない。

2. 租税法の適用

　租税法の適用とは，適用対象となる事実に租税法の規定を当てはめ，一定の法律効果（納税義務等）を導き出すことをいう。租税法の効力の及ぶ適用範囲には，「地域的限界」，「人的限界」および「時間的限界」があり，これらの限界を超えて法律効果は導き出せない。

　① 地域的限界

　租税法を制定する主体の権限の及ぶ地域が，**租税法の地域的限界**である。国税に関する法令は日本国の全領土，地方税に関する法令は地方公共団体の区域内で効力を発揮する。日本領土内であれば，自然人・法人，内国法人・外国法人，日本人・外国人を問わず，原則として，わが国の租税法に服す。

　ただし，条約により，外交使節等，駐留軍が管理する施設・区域には課税権が及ばない。

　② 人的限界

　租税法は原則的に**属地主義**によるので，**租税法の人的限界**として，国籍の別なく，自然人・法人の別なく適用される。

ただし，外交使節等は国際法上治外法権により租税法の適用から除外される。租税法規の効力の及ぶ地域外にある日本人に対しては，租税法規の効力を及ぼす（たとえば，日本人である公務員が日本に住所を有しない場合でも，所得税が課される）。

③　時間的限界

租税に限らず，法令は施行日以後に効力を生じ，適用される。したがって，新法または改正法は過去に遡及して適用されない。このことを**新法不遡及の原則**といい，**租税法の時間的限界**を示している。

ただし，租税法の分野においては，納税義務者に著しい不利益を与えることのない限り，公布の前に遡って適用される**遡及立法**も許されると解されている。法律は，別段の定めがない限り，公布日から起算して20日，条例は10日を経過した日から施行される。

ただし，納税義務者の不利益に変更する「遡及立法」は，許されない。租税法律主義の下で，**予測可能性**や**法的安定性**を害することになるからである。

3. 法令適用の一般原則

租税に関して適用されると予定される法令は，必ずしも一つとは限らないので，複数の法令間で矛盾・抵触している規定がある場合，どの法令規定を優先して適用するかが問題となる。**法令適用の一般原則**として，次のような原則が採用されている。

①　所管法令優先の原則

法令の種類ごとに所管が定められているが，その所管事項については所管法令が優先して適用される。これを**所管法令優先の原則**という。

法律，政令，省令等ごとにその所管事項を定めて，その所管事項を遵守させることによって複数の法令間で矛盾・抵触しないようにする原則である。

しかし，所管事項が競合する場合には，この原則だけでは不十分であり，次のような原則が必要である。

②　上位法令優先の原則

上位法令優先の原則とは，所管事項が競合する場合，上位法令の効力が下位法令の効力に優先するという原則であり，**形式的効力の原則**ともよばれている。わ

が国では，原則として，憲法，条約，法律，政令，省令の順で「形式的効力」をもつ。

③　後法優先の原則

形式的効力の等しい法令相互間（たとえば法律と法律，政令と政令）に矛盾・抵触が生じた場合，前に制定された法令よりも，後に制定された法令が優先して適用される。この原則を**後法優先の原則**という。すなわち，前法は後法によって改定されているとみなされる。

④　特別法優先の原則

ある事項について，特定の場合・地域・人等に限って適用される**特別法**は，その制定の前後を問わず，広く一般的に規定している一般法よりも，特定の事項に関しては優先して適用される。これを**特別法優先の原則**という。

たとえば，「租税特別措置法」（昭和32年法律第26号）により時限立法的に制定されている「租税特別措置」は，それに関連する一般法である所得税法，法人税法，相続税法，消費税法等の規定に優先して適用される。つまり，特定の事項に関しては，「後法優先の原則」あるいは「上位法令優先の原則」よりも「特別法優先の原則」が強い。

なお，「租税特別措置法」における**租税特別措置**とは，社会・経済政策あるいは緊急的な政策を実現するための臨時的・例外的措置であり，**租税優遇措置**（非課税措置，免税措置，課税繰延措置等），**租税重課措置**（損金不算入措置，追加課税措置等），**国際租税回避対抗措置**（移転価格税制，タックス・ヘイブン税制，過小資本税制）等が規定されている。

第2章 法人税法

第1節　法人税の特色

1．法人税の意義

「法人税法」（昭和40年法律第34号）が規定する**法人税**は，「課税物件」を所得に求め，株式会社などの「法人」の所得金額を「課税標準」にして課される「国税」である。

課税物件である**所得**の概念には，「所得源泉説」と「純資産増加説」が対立していた。規則的・反復的収入のみを所得とする**所得源泉説**によれば，所得発生の経常的周期性が重視され，臨時的・非反復的収入は所得を構成しない。規則的・反復的収入ばかりではなく，無償による資産の譲受け等の臨時的・非反復的収入（経済的利益の増加）も所得に含める**純資産増加説**では，自由に処分できる純資産の増加分には，規則的・臨時的であるか反復的・非反復的であるかを問わず，独立した経済主体にとって担税力があるものとして取り扱われる。わが国の「法人税法」では，基本的には「純資産増加説」が採用されている。

法人税の性格については，①法人の本質は株主の集合体であるから，法人の稼得した利益が株主にすべて帰せられることになり，株主が負担する所得税の前取りと性格づける**法人擬制説**，②法人は個人（株主）の集合ではなく，個人とは独立して社会的に影響力を有する実体（納税義務者）であると考え，法人税は法人の所得に独自の担税力が認められて課税される**法人実在説**がある。わが国の「法人税法」は，基本的には①の「法人擬制説」に近い考え方が採っている。

法人税の納税義務者である法人とは，自然人以外で法律上権利・能力を有する

ものとして，法律（たとえば，会社法，私立学校法，宗教法人法等）により人格を付与された組織・団体をいう。つまり，法人税の確定申告書を提出し，法人税額を納付する者は**法人**である（法法74，77）。

わが国における**法人税の課税標準**には，「各事業年度の所得」，「各連結事業年度の連結所得」および「退職年金等積立金」（平成11年4月1日から平成29年3月31日までの間に開始する各事業年度には課税停止，措法68の4）がある。

2. 法人の種類と納税義務者

(1) 内国法人

法人税法は，法人税の納税義務の範囲・税率の適用を区分するために，法人を大きく「内国法人」と「外国法人」に分類する。さらに，内国法人は公共法人，公益法人等，協同組合等，人格のない社団等および普通法人に区分される。

内国法人とは，日本国内に本店または主たる事務所を持つ法人である（法法2三）。本店または主たる事務所の所在地の判定に際しては，登記を設立要件とする法人の場合には，「登記簿上の所在地」による。

内国法人には，所得の発生地を問わず納税義務がある（法法4①）。内国法人は，**国内源泉所得**（日本国内に源泉のある所得）だけではなく**国外源泉所得**（日本国外に源泉のある所得）にも課税される**無制限納税義務者**である。したがって，外国支店の所得，外国法人から受け取った利子等にも法人税が課される。

公共法人とは，地方公共団体，独立行政法人，国立大学法人，日本中央競馬会，日本放送協会等，公共的性格を有する法人である（法法2五）。「公共法人」には，法人税の納税義務がない（法法4②）。

公益法人等とは，学校法人，宗教法人，日本公認会計士協会，日本商工会議所，日本税理士会連合会，日本赤十字社，日本弁護士連合会，農業協同組合連合会等，公益的事業を目的とする法人である（法法2六）。「公益法人等」の所得は非課税であるが，物品販売業，金銭貸付業，不動産貸付業，製造業，運送業，出版業，旅館業，料理店業，駐車場業等，34業種の**収益事業**から生じた各事業年度の所得に「低税率課税」が行われる（法法4①，66③，法令5）。

協同組合等とは，漁業協同組合，商店街振興組合，消費生活協同組合，森林組

合等，相互扶助を目的とする法人である（法法2七）。「協同組合等」には，すべての所得に「低税率課税」が行われる（法法4①，66③）。

人格のない社団等とは，法律に基づいて設立された組織・団体ではないが，法人税法で法人とみなされる社団または財団であり，代表者または管理人の定めがあるものをいう（法法2八）。学校の同窓会やPTA，学会，クラブ等が該当する。「人格のない社団等」の所得は非課税であるが，**収益事業**から生じた各事業年度の所得に「普通税率課税」が行われる（法法3，4①，66①）。

普通法人とは，公共法人，公益法人等，協同組合等以外の法人をいい，人格のない社団等を含まない（法法2九）。普通法人は営利を目的とする法人であり，株式会社，合同会社等がこれに該当する。「普通法人」のすべての所得に対しては，「普通税率課税」が行われる（法法4①，66①）。

(2) 外 国 法 人

外国法人とは，内国法人以外の法人である（法法2四）。外国法人には，公共法人，公益法人等，人格のない社団等および普通法人があり，協同組合等に該当する法人はない。

外国法人に対しては，「国内源泉所得」が課税される（法法4②）。外国法人は，「国内源泉所得」のみに法人税の納税義務を負う**制限納税義務者**である。

3. 法人税の課税年度・納税地

法人税には，法人の定款，寄附行為，規則，規約等に定める「事業年度」を単位として課税される**事業年度課税**が適用される（法法13①）。**事業年度**とは，営業年度その他これに準ずる期間であり，定款等で定めるものをいう。

法人税の**納税地**とは，租税に関する申告・申請・届出・納付等の手続きについて，国との法律関係の結びつきを決定する場所である。これらの手続きは，原則として，納税地を所轄する税務署長に対して行わなければならない。

内国法人の納税地は，本店または主たる事務所の所在地である（法法16）。**外国法人**の納税地は，下記のように決められている（法法17，法令16③）。

(a) 国内に支店・工場・出張所・事務所・倉庫等の恒久的施設（PE）を有する場合，その支店・事務所の所在地（複数ある場合には，主たるものの所在地）

(b) 上記(a)に該当しない外国法人であり,国内にある不動産の貸付け等の対価(船舶または航空機の貸付けの対価を除く)を受ける場合には,その対価に係る資産の所在地(資産が複数あるときは,主たる資産の所在地)
  (c) その他の場合には,麹町税務署の管轄区域内の場所等

4. 法人税の申告

　法人は,自ら課税所得の金額を計算し,それに対する税額を算出し,これを申告・納付しなければならない(法法74,77)。法人税には,**申告納税制度**が採用されている。

　なお,**青色申告制度**は,**シャウプ勧告**に基づく昭和25年税制改正において,正しい帳簿書類等の備付け,その整理保存を通じて適法な法人税額の申告を期待する趣旨のもとで導入された。**青色申告書で申告できる法人**(**青色申告法人**という)は,税務署長の承認を受けることになっている(法法121〜122)。

　承認を受けるための具体的要件としては,①一切の取引を「複式簿記の原則」に従って,整然かつ明瞭に記録し,仕訳帳,総勘定元帳その他必要な帳簿を備え,それに基づいて決算を行い,②貸借対照表・損益計算書等を作成し,③帳簿書類を5年間(たとえば,注文書・契約書・送り状・領収書に対して)または7年間(たとえば,帳簿,貸借対照表,損益計算書に対して)整理保存する必要がある(法規53〜59)。

　青色申告の承認申請書の提出期限は,原則として,青色申告の承認を受けようとする事業年度の開始日の前日である(法法122①)。

　青色申告制度は,正確な帳簿書類を備え付けた内国法人(**青色申告法人**)に対しては,**白色申告法人には認められない各種の特典**(**租税優遇措置**)を与えた制度である。**青色申告の特典**として,たとえば,①欠損金の繰越控除,②欠損金の繰戻し還付,③特別償却,④特別償却不足額の1年間繰越し,⑤準備金等の損金算入,⑥新鉱床探鉱費等の所得控除,⑦特定資産を取得した場合の税額控除等が認められている。

第2節　所得金額・税額の計算構造

1．法人税の課税標準

　法人税の「課税標準」である**各事業年度の所得**とは，その事業年度の「益金の額」から「損金の額」を差し引いた額である（法法22①）。

　「各事業年度の所得金額」を計算する場合，**益金の額**および**損金の額**は，「別段の定め」があるものを除き，「一般に公正妥当と認められる会計処理の基準」に従って計算される（法法22④）。この規定は**公正処理基準**と通称され，法人所得の計算が，原則として，企業利益の算定の技術である**企業会計**（企業会計原則，企業会計基準，会社法計算規定等）に準拠されることを意味する。

　企業会計における「利益額」も法人税法における「所得金額」も，売上高などの収益の額からその売上原価および販売費・一般管理費その他の費用・損失を差し引いて計算されるが，法人税法における所得金額は，担税力に応じた課税の公平性，財政収入の確保，経済政策，徴税上の便宜などを考慮に入れて設定されることから，両者は必ずしも一致するわけではない。

　企業会計処理と異なる税務処理事項を**別段の定め**といい，①損金不算入項目，②損金算入項目，③益金不算入項目および④益金算入項目がある。

　損金不算入項目とは，企業会計では費用とするが，課税所得の計算上では損金に算入しない項目である。たとえば，減価償却費の過大計上額，貸倒引当金の過大引当額，交際費等の損金不算入額，罰金・科料などがこれに該当する。

　損金算入項目とは，企業会計では費用としていないが，課税所得の計算上では損金に算入する項目である。たとえば，青色申告の場合の繰越欠損金，国庫補助金等の圧縮記帳損などがこれに該当する。

　益金不算入項目とは，企業会計では収益とするが，課税所得の計算上では益金に算入しない項目である。たとえば，受取配当等がこれに該当する。

　益金算入項目とは，企業会計では収益とはしないが，課税所得の計算上では益金に算入する項目である。たとえば，国庫補助金・工事負担金・保険差益などの「その他の資本剰余金」等がこれに該当する。

このように，企業会計上の当期純利益を法人税法の「別段の定め」に従って加減調整し，所得金額を計算する税務経理を**税務調整**という。

所得金額＝（収益額＋益金算入額－益金不算入額）－（費用額＋損金算入額－損金不算入額）
　　　　＝当期純利益＋益金算入額＋損金不算入額－益金不算入額－損金算入額

株主総会等で承認された**決算利益**（確定利益）に基づいて「税務調整」を行い，**課税所得**を計算する制度は**確定決算主義**と呼ばれている。決算利益と課税所得との差額は，「法人税申告書」を構成する**別表四**「所得の金額に関する明細書」で加減調整される。

2．益金の額

企業会計上，収益は**実現主義**によって計上される。法人税法上，「別段の定め」に規定される「長期割賦販売等に係る収益」，「長期請負工事に係る収益」等を除き，収益は「公正処理基準」（すなわち「実現主義」）に基づく。

ただし，民法第555条では，「権利確定主義」によって収益の計上が認められている。**権利確定主義**は，「売買契約の効力の発生日」をもって権利の成立時点とする。したがって，収益は，法的に債権として請求し得るもの（債権の確定）をもって計上しなければならない。

法人税法上，「債権の確定」に関する明文規定はない。「公正処理基準」では，商品・製品等の販売（引渡し）の時点に益金の額が計上される。すなわち，「売買契約の効力の発生日」以後に，「資産の所有権の移転」とそれに伴う「代金請求権の確定」が生じた**引渡し**の時点に，「権利の確定」が成立したとみなされる。

法人税法の「別段の定め」があるものを除き，**益金の額**に算入すべき金額は，次に掲げる5つの収益である（法法22②）。

(a) 資産の販売に係る収益の額
(b) 有償または無償による資産の譲渡に係る収益の額
(c) 有償または無償による役務の提供に係る収益の額
(d) 無償による資産の譲受けに係る収益の額
(e) その他の取引で資本等取引以外のものに係る収益の額

具体的には，上記(a)の**資産の販売**に係る収益の額とは，商品・製品等の棚卸資

産の販売による収入である。「収益の額」とは，グロスの「収入」をいう。

上記(b)の「有償または無償による資産の譲渡」における**譲渡**（臨時的・一時的資産譲渡）には，一般の売却のほか，贈与，交換，収用等，代物弁済等による譲渡も含まれる。**有償による資産の譲渡**に係る収益には，土地・建物等の固定資産や有価証券等の売却による収入などがある。

ここで注意を要することは，**無償による資産の譲渡**に係る収益が，資産の贈与者側でも「益金の額」として算入されることである。資産を無償で譲渡した場合，通常の経済取引（有償による譲渡）を行い，公正な価額（時価）によって売却代金を受け取ったとみなし，その価額を益金の額（**譲渡収益**）に算入するとともに，直ちに譲渡先に贈与（寄附）したものとして，その贈与金額は，**寄附金**（譲渡先が会社の役員であれば，**給与**）として処理される。このような考え方を**有償取引同視説**または**二段階取引説**という。

(c)の「有償または無償による役務の提供による収益」も資産の販売または譲渡の場合と同様に，役務の提供時の「公正な価額」をもって益金に算入される。

(d)の**無償による譲受け**によって取得した棚卸資産，有価証券および減価償却資産については，当該資産の取得のために通常要する価額（再調達原価）をもって取得価額とする。**無償取得資産**を時価で記帳することによって，同額の収益（受託者増益）が「益金の額」に算入される。

(e)の「その他の取引で資本等取引以外のものに係る収益」には，企業会計上の資本剰余金のうち，国庫補助金・工事負担金・保険差益・私財提供益・債務免除益，法人税法上認められる評価益，引当金の戻入益等がある。

法人税法上，益金と損金の額に影響を与える**資本等取引**とは，①資本金等の額の増加・減少を生ずる取引，②利益または剰余金の分配をいう（法法22⑤）。

「資本等取引」は対資本主取引であり，企業会計上の**資本取引**とは二つの点で相違する。すなわち，「資本金等の額」における資本金以外の金額と資本剰余金がその意義と範囲において一致しないので，企業会計上の「その他の資本剰余金」は，税法上，「益金」として取り扱われ，原則として課税対象となる。企業会計では，利益または剰余金の分配を資本取引に含めていないので，利益積立金は課税済所得の累積積立額であり，これを取り崩して配当すれば，資本主に対する利益の分配として課税される。

これらの「益金の額」は，出資者の観点からは自己の拠出によらない「経済的

価値の増加」であり，課税対象となる。つまり，**益金の額**とは，純資産の増加の原因となる収入額その他の経済的価値の増加額である。

3. 損金の額

損金については，「公正処理基準」（すなわち**発生主義**）に従って計算される。費用の額は「別段の定め」により調整されるが，外部取引には**債務確定主義**を満たすものが**損金の額**に算入される。通常，「損金の額」に含めることができる「債務確定」を満たすためには，次のような三つの要件が必要である（法基通2-2-12）。

(イ) 事業年度末日までに当該費用に係る債務が成立している「債務成立の要件」
(ロ) 事業年度末日までに当該債務に基づいて具体的給付の原因となる事実が発生している「給付原因事実の発生の要件」
(ハ) 事業年度末日までにその金額を合理的に算定することができる「金額の合理的算定の要件」

このように，費用の額は「発生主義」によって認識されるが，帰属年度に法人の判断が介入するため，**法的安定性**の観点から，外部取引に関しては「債務確定」の要件を満たす費用を損金とする**債務確定主義**が採られている。

損金の額に算入すべき金額は，「別段の定め」があるものを除き，次に掲げる額である（法法22③）。

(f) 売上原価，完成工事原価その他これに準ずる原価の額
(g) 販売費，一般管理費その他の費用
(h) 損失の額で資本等取引以外の取引に係るもの

具体的には，上記(f)の**売上原価**とは，商品・製品等の売上高に対応する原価であり，**完成工事原価**とは，建設業の請負に係る売上高（工事収益）に対応する原価である。「その他これに準ずる原価」には，固定資産・有価証券等の**譲渡原価**，役務提供を本業としている役務の提供に係る原価などが含まれる。

(g)の**販売費，一般管理費**は，企業会計と同様に，販売・一般管理業務に係わり，当該事業年度の売上高と期間的に対応する費用である。「その他の費用」は，営業外費用のことであり，これには支払利息・割引料，社債利息などが含まれる。ただし，償却費以外の費用で，債務が確定していないものは除く。

このように，**損金**には，広く企業会計における費用・損失が含まれる。費用が

損金の額に算入されるためには，事業遂行上の「必要性」が満たされれば十分であり，「通常性」までは必要とされない。

4. 法人税額の計算構造

法人の決算利益に税務調整を行った結果の所得金額から，さらに，経済・社会政策等により一定の**所得控除**を行うことができる。「税務調整後の所得金額」から「所得控除」を控除した残額が，**各事業年度の所得金額**となる。

　　　各事業年度の所得金額＝税務調整後の所得金額－所得控除

各事業年度の課税所得金額に**法人税率**を適用して，**算出税額**が算定される。後述するように，税率は法人の形態・規模や所得の種類によって異なる。

　　　算出税額＝各事業年度の所得金額×税率

このように計算された算出税額が，直ちに**納付税額**となるのではなく，さらに，各種の**税額控除**を差引いて最後の法人税額となる。

　　　納付税額＝算出税額－税額控除

「税額控除」には，①租税特別措置法による特別控除，②仮装経理に基づく過大申告の更正に伴う法人税額控除および③二重課税回避のための所得控除・外国税額控除がある。

第3節　主な益金関連項目

1. 通常の販売による収益

商品・製品等の棚卸資産の販売による収益の額は，その引渡しがあった日の属する事業年度の「益金の額」に算入する（法基通2-1-1）。これを**引渡し基準**または**販売基準**という。引渡し（占有の移転）の時点については，一般に，次のいずれ

かの基準が採用されている（法基通2-1-2）。

① 相手方の注文に応じて商品等を出荷したときに引渡しがとする**出荷基準**
　(a) 店頭または倉庫等から出荷したとき（**出庫基準**）
　(b) 船積みまたは貨車積みした（すなわち，船荷証券・貨物引換証の有価証券を発行した）とき（**荷積み基準**）
　(c) 相手方の受入場所に搬入したとき（**搬入基準**）
② 相手方が商品等を検収して，引取りの意思表示をしたときに引渡しがあったとする**検収基準**
③ 機械・設備等の販売の場合，当該資産の設置が完了し，取引相手が使用して収益を得ることができるとき，引渡しがあったとする**使用収益開始基準**
④ 電気・ガス・水道等の販売の場合，使用量（販売数量）を検針等により確認したときに，引渡しがあったとする**検針日基準**
⑤ 林，原野のような「土地」（または土地上に存する権利）であり，引渡日がいつであるか明らかでないときは，(イ)代金の相当部分（おおむね50％以上）を収受した日と(ロ)所有権移転登記の申請日（登記申請に必要な書類を相手方に交付した日を含む）のいずれか早い日に引渡しがあったとする。

2. 特殊な販売収益

(1) 委託販売

委託販売については，委託者が商品等（委託品）を受託者に積送（引渡し）した時点ではなく，受託者が当該委託品を販売した日をもって収益計上時期とされる。原則として，受託者販売時の**販売基準**による。
　ただし，当該委託品について，売上のつど，売上計算書が作成・送付される場合，継続的適用を条件にして，売上計算書の到達日に属する事業年度の益金に算入する**仕切精算書到着日基準**が認められる（法基通2-1-3）。

(2) 試用販売

試用販売では，税務上，出荷時点ではまだ販売にならないので，買主が買取りの意思表示を行った時点に収益を計上する。これを**買取意思表示基準**という。

ただし，契約で売主が買主の買取意思表示の期間を定め，その期間内に返答がない場合には，買取意思があったものとして取り扱うこともできるので，契約で定められた期限を過ぎた日に属する事業年度の益金に算入される。

(3) 予約販売

予約販売では，決算日までに商品の引渡しが完了した分だけを当期の売上高に計上するので，商品を引き渡した日に属する事業年度の益金の額に算入することになる。つまり，商品引渡時の**販売基準**による。

(4) 長期割賦販売等

月賦払い・年賦払いなどの方法で代金の分割払いを受ける「**定型的約款**」（賦払金の額，履行期日等を定めた契約条項）に基づいて不特定多数の者に販売する形態を**割賦販売**という。「割賦販売」については，「通常の販売収益」と同様，**販売基準**が適用される。

金利相当分について区分経理する等の実態がある場合には，割賦金の支払期日が到来するごとに収益を計上する**履行期日到来基準**（**権利確定主義**による基準）を採用できる。

なお，下記要件を満たす**長期割賦販売等**については，「販売基準」のほかに，その事業年度に代金の支払期限の到来した部分の金額に見合う販売等の収益に応じて，その収益に対応する原価の額を算定する**延払基準**により「益金の額」と「損金の額」に算入することもできる（法法63⑥，法令124，127）。

(イ) 月賦，年賦等により，3回以上に分割して対価の支払いを受ける。
(ロ) 賦払期間が2年以上である。
(ハ) 目的物の引渡し期日までに支払期日の到来する賦払金額が販売等の対価の3分の2以下である。

(5) 商品引換券等の販売

企業会計上，商品券，ビール券，仕立券等（商品の引渡しまたは役務の提供を約した証券等であり，税法上，**商品引換券等**という）を発行した場合，現実に商品の引換えがあるまでは商品引換券等の代価を「預り金」として処理する。

しかし，商品引換券等の代価は「確定収入」であり，将来取り消されることは

なく，引換えが長期にわたり，場合によっては永久に引き換えられないものもあるので，税務上，預り金経理には弊害がある。法人税法では，原則として，発行事業年度の益金に算入する**発行時収益計上法**が適用される。ただし，商品引換券等を発行年度ごとに区分管理している場合に限り，特例処理として，商品等との実際の引換額を益金に算入する**引渡時収益計上法**が適用できる。

(6) 工事請負による収益

長期工事の請負とは，他の者の求めに応じて行う工事（製造を含む）で，その着手日から当該他の者と締結した契約に定められている目的物の引渡期日までの期間が1年以上であるものをいう（法法64①）。目的物の引渡しを要する請負契約には，船舶，ダム，橋梁，建物等の建設工事等があり，税法上，「工事完成基準」，「部分完成基準」および「工事進行基準」が認められている。

収益の額は，その目的物の全部を完成して相手方に引き渡した日の属する事業年度の益金の額に算入する（法基通2-1-5）。これを**工事完成基準**という。

下記のいずれかに該当する場合，建設工事等の全部が完成しないときでも，その事業年度に引き渡した建設工事等の量または完成した部分に対応する工事収入を当該事業年度の益金の額に算入しなければならない（法基通2-1-9）。この計上基準を**部分完成基準**といい，完成部分の引渡しという客観的事実・権利確定により，強制適用される。

(a) 一の契約により同種の建設工事等を多量に請負った場合（たとえば，5棟のマンションの建設請負）で，その引渡量（たとえば，完成した3棟の引渡し）に従い工事代金を収入する旨の特約または慣習がある場合

(b) 1個の建設工事等（たとえば，10kmの道路建設）であっても，建設工事等の一部が完成し，完成部分を引き渡したつど（たとえば，完成した2kmの道路の完成・引渡しのつど），その割合に応じて工事代金を収入する旨の特約または慣習がある場合

下記要件のすべてを満たす**長期大規模工事**の場合には，各事業年度の工事進行度を見積もり，工事収益の一部を当該事業年度の収益として計上する**工事進行基準**が強制適用される（法法64①，法令129①・②）。

(a) 着手日から目的物の引渡期日までの期間が，1年（平成10年4月1日から

平成20年3月31日までに締結した工事には2年）以上である。
(b)　請負対価の額が10億円（平成10年4月1日から平成13年3月31日までに締結した工事には150億円，平成13年4月1日から平成16年3月31日までに締結した工事には100億円，平成16年4月1日から平成20年3月31日までに締結した工事には50億円）以上の工事である。
(c)　契約において，請負対価の額の2分の1以上が目的物の引渡期日から1年を経過する日後に支払われることとされていない。

(7)　役 務 収 益

　物の引渡しを要しない請負契約による収益（**役務収益**）は，役務の全部を完了した日の属する事業年度の「益金の額」に算入する（法基通2-1-5）。これを**役務完了基準**というが，法人税法上，特殊な事例には，下記のような基準で「益金の額」に算入される。
① 機械設備等の販売に伴う据付工事収益
　機械設備等の販売に伴って据付工事を行った場合，次のように**据付工事収益**の計上時点が異なる。
(イ)　据付工事を機械設備等の販売に伴う付帯的サービスと考え，機械設備等本体の販売と据付工事を一つの販売行為とみなす場合には，「据付工事に係る対価の額」を含む全体の「販売代金の額」は，機械設備等の「引渡しの日」に属する事業年度の益金に算入される（法基通2-1-1，2-1-10）。
(ロ)　据付工事が相当な規模であり，その対価の額を契約その他（たとえば，見積書等）に基づいて合理的に区分できる場合には，機械設備等に係る「販売代金」の額と「据付工事に係る対価の額」とに区分して，販売代金には「引渡し基準」，据付工事収益には「役務完了基準」（すなわち**据付完了基準**）により収益計上することができる（法基通2-1-1，2-1-5）。
② 不動産の仲介・斡旋報酬
　土地・建物等の売買，賃貸借等の**仲介・斡旋報酬**の額は，原則として，売買等に係る契約の効力が発生した日の属する事業年度の益金に算入する。
　実際には登記段階で改めて報酬の値引きを要求され，所有権移転登記の時点（取引完了日）で最終的な報酬の収受が完了する場合が多いので，継続適用を条件にして取引完了日の属する事業年度に益金算入できる（法基通2-1-11）。

③ 技術役務の提供に係る報酬

設計，作業の指揮監督，技術指導等の**技術役務の提供**により受ける報酬の額は，**役務完了基準**に基づいて益金に算入する。ただし，次のような事実がある場合には，部分的に収受すべき報酬の額が確定するつど，確定金額を確定日の属する事業年度に益金算入する**部分完了基準**が適用できる（法基通2-1-12）。

(イ) 報酬の額が現地に派遣する技術者等の数・滞在日数等により算定され，かつ，一定期間ごとに支払いを受けている。

(ロ) 報酬の額が作業の段階（たとえば，基本設計と部分設計）ごとに区分され，かつ，それぞれの段階の作業が完了するつど，支払いを受けている。

④ 運送収益

運送収益は，**役務完了基準**に従って運送役務の提供を完了した日の属する事業年度に益金算入される。ただし，運送契約，性質，内容等に応じ，継続適用を要件にして，次のような収益計上基準が認められる（法基通2-1-13）。

(a) **発売日基準**（乗車券，搭乗券，乗船券を発売した日）
(b) **集金基準**（自動発売機による乗車券等については集金した日）
(c) **積切基準**（航空機，船舶等による乗客・貨物には，積地を出発した日）
(d) **航海完了基準**（航海期間が4カ月以内である場合，一航海が完了した日）
(e) **日割・月割発生基準**（定期乗車券に適用される収益計上基準）

3. 譲渡収益

(1) 固定資産の譲渡

固定資産の譲渡による収益は，原則として，「引渡日」に益金に算入される。ただし，土地，建物その他これらに類する資産を譲渡した場合には，「契約の効力発生日」に益金として処理することもできる（法基通2-1-14）。

資産を無償または著しく低額で譲渡した場合，「公正な価額」により収益が実現したとみなし，その価額を益金算入する。公正な価額との差額は贈与したものとみなされ，**寄附金**（譲渡先が会社の役員であれば**給与**）として計算する。

(2) 工業所有権等の譲渡

工業所有権等（特許権・実用新案権・意匠権・商標権およびこれらの工業所有権に係る出願権・実施権）の譲渡または実施権の設定により受ける対価（使用料を除く）の額は，原則として，譲渡または設定に関する契約の効力発生日の属する事業年度の益金に算入する。ただし，登録が効力発生の要件とされる場合には，登録日の属する事業年度に益金算入できる（法基通2-1-16）。

工業所有権等（またはノーハウ）を使用させたことにより支払いを受ける使用料の額は，原則として，その額が確定した日の属する事業年度の益金に算入する。ただし，継続適用を条件にして，契約により当該使用料の支払いを受ける日の属する事業年度に益金算入できる（法基通2-1-30）。

(3) 有価証券の譲渡

有価証券の譲渡による収益の額には，原則として，契約日の属する事業年度の益金に算入する**約定日基準**が採用される。ただし，実務的簡便性を考慮して，事業年度末に契約済みで未引渡しとなっている有価証券の譲渡損益を計上する**修正契約日基準**も認められている（法法61の1①，法基通2-1-23）。

4. その他の益金算入項目

(1) 受取利息

貸付金，預・貯金または有価証券から生じる**受取利息**は，原則として，**時間基準**でその事業年度に帰属するものを益金として計上する。

ただし，金融・保険業を営む法人以外の「一般事業法人」では，特例として，利子支払期日が1年以内の一定期間ごとに到来するものには，継続的に利払期日ごとに益金算入する**利払期基準**を採用できる（法基通2-1-24）。

法人が預・貯金に対する利息を受け取るとき，20.315％の源泉徴収が行われるが，この**源泉徴収税額**（国税15.315％，地方税5％）は法人税額から15.315％の国税相当額（所得税）を控除できる。

(2) 受贈益，債務免除益等

　金銭その他の資産を無償で贈与されたり，低い価額で購入した場合の**経済的利益**は，受贈時点または購入時点で時価（低額購入した場合には，支払った価額と時価との差額）を**受贈益**として益金に算入する（法法22②）。

　しかし，**広告宣伝用資産**を受贈（または低額購入）した場合，次のように処理される（法基通4-2-1）。

(a) 広告宣伝用の看板，ネオンサイン，どん帳のように，もっぱら広告宣伝用に使用される資産を受贈した場合，経済的利益はないものとして課税されない。

(b) 自動車，陳列だな，陳列ケース，冷蔵庫，容器，展示用モデルハウスのような資産に製造業者等の製品名または社名を表示し，広告宣伝用に供されている場合，製造業者が取得のために支出した金額（当該資産の時価）の3分の2相当額を経済的利益の額として益金に算入する。

　業績悪化などの理由により債権者から債務の免除を受けた「経済的利益」は，**債務免除益**として益金に算入される。

　なお，法人税法では，法人を株主の集合体とみる**法人擬制説**を採っているので，**資本等取引**は対資本主との取引に限定され，資本主との間に発生したもの，株主の拠出資本の修正により生じたものに限られる。したがって，企業会計上の資本剰余金のうち，私財提供益，国庫補助金，保険差益等は，出資者の観点からは自己の拠出によらない経済価値の増加であり，税法上，課税対象となる。

(3) 賃貸借契約に基づく受取家賃・受取地代・受取使用料

　資産の賃貸借契約に基づいて支払いを受ける**受取家賃・受取地代**その他の**受取使用料**は，**権利確定主義**に基づいて，契約または慣習によって支払期日の属する事業年度に益金算入する。ただし，当該契約について当事者間に係争があり，支払期日に使用料の支払いを受けていないときは，その係争が解決して，支払いを受けるまで収益計上を見合せることができる（法基通2-1-29）。

　リース取引による**受取リース料**も，原則として受取使用料に該当する。ただし，一定の要件を満たすリース取引は売買として取り扱われ，資産計上される。

(4) 保証金・敷金等

資産の賃貸借契約等によって受け入れた**保証金・敷金等**の金額は，預り金として課税されない。ただし，当該金額のうち，期間の経過，その他契約等の終了前における一定の事由の発生により，返還を要しない部分の金額は，返還しないことが確定した時点で益金に算入する（法基通2-1-41）。

5. 受取配当等の益金不算入

(1) 受取配当等の益金不算入の根拠

前述したように，法人税法は，基本的に，法人の本質を株主の集合体とみなし，法人税額をその法人の株主が負担する所得税額の前払分であると考える**法人擬制説**に基づいている。

他の法人から受け取る配当金や収益の分配金は，企業会計上，営業外収益として計上されるが，「法人擬制説」の立場から，配当等を支払う法人はすでに法人税を納付しており，受け取った株主にも課税を行うと二重に課税することになるので，法人の配当等に対する二重課税の調整を株主の段階で行う。

二重課税排除の措置として，株主が個人である場合には一定の税額控除（**配当控除**），法人である場合には**受取配当等の益金不算入**が行われる。したがって，課税所得が減額されるので，法人税額は減少することになる。

(2) 受取配当等の益金不算入額

内国法人（公益法人等または人格のない社団等を除く）から受け取った「利益の配当」または「剰余金の分配」の額（以下，**受取配当等**という）については，原則として，その一定額は益金の額に算入しない（法法23①，⑥・⑦）。

(a) **完全子法人株式等**（内国法人との間に完全支配関係があった他の内国法人の株式または出資）に係る配当等の全額は，益金不算入できる。

(b) **関連法人株式等**（内国法人が他の内国法人の発行済株式等の総数または総額の3分の1を超え，100％を下回る数または金額の当該他の内国法人の株式等）に係る配当等には，配当等の元本を取得するために借り入れた**負債の利子**（手形割引料，社債発行差金を含む）の額を配当等の額から控除した金額

が，益金不算入できる。
(c) **非支配目的株式等**（内国法人が他の内国法人の発行済株式等の総数または総額の5％以下に相当する数または金額の当該他の内国法人の株式等）に係る配当等については，配当等の額の20％相当額が益金不算入できる。
(d) **その他の株式等**（完全子法人株式等・関連法人株式等・非支配目的株式等以外の株式等，つまり株式等保有割合が5％超3分の1以下の株式等）に係る配当等には，配当等の額の50％相当額が益金不算入できる。

なお，「短期保有株式等の配当等」については，益金不算入の適用を受けず，全額が益金算入される。**短期保有株式等**とは，配当等の計算基礎となった期間の末日以前1ヵ月以内に取得し，かつ，その末日後2ヵ月以内に譲渡した株式・証券投資信託をいう（法法23②）。

また，**証券投資信託**（公社債投資信託および外国の信託を除く）の**収益の分配金**についても，その全額が益金に算入される。ただし，特定株式投資信託（外国株価指数連動型特定株式投資信託を除く）に係る配当等については，非支配目的株式等と同様に，配当等の額の20％相当額が益金不算入できる（措法67の6①）。

保険会社が保有する**非支配目的株式等**に係る配当等については，配当等の額の40％相当額が益金不算入できる（措法67の7①）。

6. 資産評価益の益金不算入

法人税法は，原則として，資産評価に**取得原価主義**を採用しているので，**資産評価益**の計上を認めない。たとえ確定決算で資産評価換えを行って帳簿価額を増額しても，資産評価益は益金に算入されない（法法25①）。

ただし，次の場合には，例外的に「資産評価益」を計上することができる（法法25②，法令24）。

(イ) 「会社更生法」または「金融機関等の更生手続の特例等に関する法律」の規定による更生手続開始の決定に伴って行う資産の評価換え
(ロ) 内国法人の組織変更に伴って行う資産の評価換え
(ハ) 保険会社が「保険業法」第112条の規定に基づいて行う株式の評価換え

第4節　主な損金関連項目

1. 棚卸資産の売上原価

(1) 売上原価の計算

当該事業年度の損金に算入される**売上原価**を算出するためには，下記算式が示すように，期末商品棚卸高を確定する必要があるが，棚卸資産に対しては，各事業年度末において**実地棚卸**を行わなければならない。

　　売上原価＝期首商品棚卸高＋当期純仕入高－期末商品棚卸高

その場合，業種・業態・棚卸資産の性質等に応じ，「実地棚卸」に代えて「部分計画棚卸」その他合理的な方法も，継続適用を条件として認められる（法基通5-4-1）。
部分計画棚卸とは，事業年度末前の一定日に棚卸資産の一部を漸次実地棚卸し，それぞれの実地棚卸日から事業年度末までの受入・払出数量を加減して期末数量とする方法である。

「その他合理的な方法」として，たとえば，都市ガス会社等の貯槽内の物量のみを期末棚卸量とし，配管内にある物量を測定しなくても，容認される。

(2) 棚卸資産の範囲

棚卸資産は，販売あるいは消費のために所有され，棚卸しをすべき資産である。法人税法における「棚卸資産」は，①商品または製品（副産物・作業屑を含む），②半製品，③仕掛品（半成工事を含む），④主要原材料，⑤補助原材料，⑥消耗品で貯蔵中のものおよび⑦その他，上記①から⑥までの資産に準ずるものに分けられる（法法2⑳，法令10）。

(3) 棚卸資産の取得価額

棚卸資産の取得価額は，事業年度末における評価額の算定基礎となるので，取得形態別に取得価額に算入できる費用の範囲が法定されている（法令32）。

購入による取得価額は，購入代価に付随費用を加算した金額である。**付随費用**には，引取運賃，荷役費（にやくひ），運送保険料，購入手数料，関税その他購入に要した費用（**直接付随費用**）と消費または販売の用に供するために要した費用（**間接付随費用**）が含まれる。

下記のような「間接付随費用」は，取得後に企業内で生じる費用であり，その合計額が少額（購入代価のおおむね3％以内の金額）である場合には，取得価額に算入しないことができる（法基通5-1-1）。

(イ) 買入事務，検収，整理，選別，手入れ等に要した費用
(ロ) 販売所等から販売所等へ移管するために要した運賃，荷造費等の費用
(ハ) 特別の時期の販売等のために長期にわたり保管するために要した費用

自己製造等（製造，採掘，採取，栽培，養殖その他これらに準ずる行為）による取得価額は，製造等のために要した原材料費，労務費および経費の額（**製造原価**）に「付随費用」を加えた金額である。下記のような**付随費用**の金額が少額（製造原価のおおむね3％以内の金額）である場合には，取得価額に算入しないことができる（法基通5-1-3）。

(イ) 製品等の生産後に要した検査，検定，整理，選別，手入れ等の費用
(ロ) 自己の生産した製品等を販売し，または消費するための製造場等から販売所等へ移管するために要した運賃，荷造費等の費用
(ハ) 生産した製品等を特別の時期に販売するため，長期間にわたって保管するために要した費用

合併または**現物出資**により受け入れた棚卸資産の取得価額は，受入価額（引取運賃，荷役費，運送保険料，関税，その他受入れのために要した費用を含む）に，消費・販売の用に供するために直接要した費用の額を合計した金額である。ただし，「受入価額」が受入時における当該資産の取得のために通常要する価額（時価）を超える場合には，その価額を受入価額とする（法令32①三）。

その他の方法による取得（たとえば，**贈与，交換，代物弁済**）の取得価額は，取得のために通常要する価額（時価）に，消費・販売の用に供するために直接要した費用の額を加算した金額による（法令32①四）。

(4) 棚卸資産の評価方法

棚卸資産の評価の方法として，「原価法」と「低価法」が認められている。

原価法は取得価額で棚卸資産を評価する方法であり，個別法，先入先出法，総平均法，移動平均法，最終仕入原価法，売価還元法が認められる（法令28）。

個別法とは，期末棚卸資産の全部に個々の取得価額によって評価する方法である。宝石，書画，骨董など，個々の受払いが明確で，高価なものに適用される。

先入先出法は，棚卸資産を種類・品質・型の異なるごとに区別し，種類等の同じものについて，先に受け入れたものから先に払い出したものと仮定し，期末資産は期末時から最も近いときに取得したものから成るとみなす方法である。

総平均法とは，期首資産の取得価額と期中取得資産の取得価額の合計額を，これらの総数量で除した価額を1単位当たりの取得価額とする方法である。税法上，その期間は1カ月と6カ月が認められている。

移動平均法とは，期中に棚卸資産を取得するごとに棚卸資産の全体につき平均単価を改訂し，期末から最も近いときに改訂された平均単価をもって期末棚卸資産の1単位当たりの取得価額を評価する方法である。なお，**月次移動平均法**も認められているが，これは**月次総平均法**と同じものになる。

最終仕入原価法とは，種類等の同じものについて，期末時に最も近い時点に取得した棚卸資産の1単位当たりの取得価額をもって，期末棚卸資産の1単位当たりの取得価額を評価する方法である。

売価還元法とは，取扱品種のきわめて多い小売業・卸売業において，種類等または差益率の同じ棚卸資産ごとに，通常の販売価額の総額に「原価率」を乗じた金額を取得価額とする方法である。「通常の販売価額の総額」とは，値引き・割戻し等を売上金額から控除している場合であっても，その値引き・割戻し等を考慮しない販売価額の総額による（法基通5-2-7）。すなわち，税法上の原価率は下記算式によって計算する。

$$原価率 = \frac{期首棚卸資産の取得価額 + 当期仕入高}{当期売上高 + 期末棚卸資産の通常の販売価額}$$

なお，**低価法**とは，棚卸資産の種類等（売価還元法の場合には種類等または差益率）の異なるごとに区別し，前記の原価法のうちいずれかの方法によって期末に算出された評価額（原価）と，期末の**正味売却価額**とのいずれか低い価額をもって，期末評価額とする方法である（法令28①二）。取得価額と時価との差額は，**商品評価損**として損金算入できる。

翌期の処理方法としては，再び実際の取得原価に振り戻し，前期の評価損の取戻益を計上する**洗替え低価法**が採用されている。

(5) 評価方法の選定・届出および変更

棚卸資産の評価方法は，事業の種類ごと，かつ，①商品または製品，②半製品，③仕掛品，④主要原材料および⑤補助原材料その他の棚卸資産の5区分ごとに選定する必要がある（法令29①）。

「棚卸資産の評価方法」は，納税地の所轄税務署長に対し，法人設立日の属する事業年度の確定申告書の提出期限までに届け出る必要がある（法令29②）。

なお，法人が評価方法の届出をしなかった場合または選定した評価方法により評価しなかった場合には，**法定評価法**として「最終仕入原価法」により算出した取得価額に基づく原価法を適用しなければならない（法法29①，法令31）。

評価方法を変更するときは，新評価方法を採用しようとする事業年度開始日の前日までに，その旨，変更理由等を記載した「変更承認申請書」を納税地の所轄税務署長に提出し，承認を受けなければならない（法令30①〜②）。

ただし，①現に採用している評価方法が相当期間（3年）を経ていない場合，または②変更しようとする評価方法では所得計算が適正に行われ難い場合には，税務署長は申請を却下することができる（法令30③，法基通5-2-13）。

2. 有価証券の譲渡原価

(1) 有価証券の範囲と区分

法人税法における**有価証券**は，金融商品取引法第2条第1項に規定する有価証券（たとえば，国債証券，地方債証券，社債券，株券，証券投資信託または貸付信託の受益証券）とその他これに準ずるものとして法人税法施行令第11条で定めるもの（たとえば，銀行法に規定する譲渡性預金証書，合同会社の社員の持分）をいう（法法2二十一）。

有価証券は，その期末評価法の相違等に基づいて「売買目的有価証券」，「満期保有目的等有価証券」および「その他有価証券」に区分される。

売買目的有価証券は，短期的な価格変動を利用して利益を得る目的（短期売買

目的）で取得した「専担者売買有価証券」および「その他の売買目的有価証券」である（法法61の3①一）。**専担者売買有価証券**は，短期売買目的で行う取引に専ら従事する者が短期売買目的で取得したものである。**その他の売買目的有価証券**は，専担者売買有価証券以外の有価証券であっても，取得日に短期売買目的で取得した旨を帳簿書類に記載したものである（法規27の5①）。

満期保有目的等有価証券は，(イ)償還期限・金額の定めのある有価証券のうち償還期限まで保有する目的で取得し，取得日にその旨を帳簿書類に記載した満期保有目的有価証券，(ロ)法人の特殊関係株主等が発行済株式数の総数または出資金額の20％以上に相当する株式数または金額を有する企業支配株式の当該特殊関係株主が保有する株式または出資に分けられる（法令119の2②）。

その他有価証券とは，売買目的有価証券・満期保有目的等有価証券以外の有価証券である（法令119の2②）。

(2) 有価証券の取得価額

すでに発行されている有価証券を**購入**により取得した場合，購入代価に付随費用（購入手数料，通信費，名義書換料等）を加えた金額を取得価額とする（法令119①一）。**利付債権**(りつきさいけん)（国・公・社債券等）を利払日と異なる日に購入した場合，前回の利払日から購入日までの経過日数に対応する**端数利息**(はすうりそく)は別に計算し，取得価額に含めずに，当該有価証券の購入後最初に到来する利払日まで「前払金」として経理することもできる（法基通2-3-10）。

株主としての権利に基づいて平等に割当てを受け，**金銭の払込み**により取得した有価証券は，払込金額を取得価額とする。払込みには，特定の現物出資も含まれ，この場合の払込金額は資産の出資時の価額（時価）となる。

株主としての権利に基づいて平等に割当てを受けて払込みをする場合以外で，「有利な発行価額」で有価証券を取得した場合には，当該有価証券の払込期日の価額（時価）を取得価額とする（法令119①三）。

有利な発行価額とは，当該株式の価額（時価）と発行価額の差額が当該株式の価額のおおむね10％以上の価額をいう。時価と発行価額の差額が時価の10％を超える場合，**受贈益**として課税される。

(3) 有価証券の譲渡原価と期末評価

有価証券の譲渡原価の1単位当たりの帳簿価額は，売買目的有価証券，満期保有目的等有価証券およびその他有価証券に区分し，同じ銘柄ごとに**移動平均法**または**総平均法**により算定する（法法61の2①二，法令119の2①）。

有価証券の期末評価は，「売買目的有価証券」と「売買目的外有価証券」の区分に応じて行われる。**売買目的外有価証券**は，償還期限・償還金額の定めのある**償還有価証券**とそれ以外の有価証券に分けられる。売買目的有価証券には「**時価法**」，償還有価証券には「**償却原価法**」，それら以外の有価証券には「**原価法**」が適用される。

売買目的有価証券は事業年度末に時価評価され，**時価法**による**有価証券評価益**または**有価証券評価損**は益金または損金に算入される（法法61の3①一，②）。翌事業年度開始時には，損金または益金に算入しなければならない（法令119の15①）。したがって，翌事業年度開始時における帳簿価額は，その評価益を減算し，その評価損を加算した金額となる（法令119の15④）。時価法による有価証券の評価損益は，**洗替え方式**により翌期首に戻し入れられる。

売買目的有価証券・償還有価証券以外の有価証券に適用される**原価法**とは，事業年度末に有する有価証券を帳簿価額で評価する方法である（法法61の3）。

償還有価証券に適用する**償却原価法**とは，前事業年度末の帳簿価額に調整差益または調整差損を加算または減算した金額を，当該事業年度末の帳簿価額とし，その加減額を益金または損金に算入する方法である（法令119の14）。

(4) 算定方法の選定・届出および変更

一単位当たりの帳簿価額の算出方法は，売買目的有価証券，満期保有目的等有価証券，その他有価証券に区分し，銘柄または種類ごとに選定した算出方法を書面により所轄税務署長に届け出なければならない（法令119の5）。なお，有価証券の**法定算出法**としては，**移動平均法**が採用される（法令119の7）。

算出方法の変更には，変更する事業年度の開始日の前日までに所轄税務署長に「変更承認申請書」を提出し，承認を受ける必要がある（法令119の6①）。

ただし，①変更する算出方法では適正な所得計算が行われ難いと認められる場合，②現に採用している算出方法が相当期間（3年）を経ていない場合には，税務署長は申請を却下することができる（法令119の6③，法基通2-3-21，5-2-13）。

3. 固定資産の減価償却費

(1) 固定資産の範囲

① 固定資産の分類

　法人税法上，**固定資産**は，棚卸資産，有価証券および繰延資産以外の資産であり，(a)土地，(b)減価償却資産，(c)電話加入権および(d)前記(a)・(b)・(c)に準ずる資産に分類されている（法法2二十二，法令12）。「土地に準ずる資産」としては自己所有の造成中の土地等，「減価償却資産に準ずる資産」としては建設中の建物等，「電話加入権に準ずる資産」としては著作権・出版権等がある。

　固定資産は，減価償却の対象となるかどうかによって，「減価償却資産」と「非減価償却資産」に分けられる。

② 減価償却資産

　減価償却資産は，その資産の価値または効用が使用または時の経過により漸次減少する資産であり，法人税法においては，「有形固定資産」，「無形固定資産」および「生物」に分けられている（法法2二十三，法令13）。

　有形固定資産として，(イ)建物およびその付属設備（暖冷房設備，照明設備，通風設備，昇降機その他建物に付属する設備），(ロ)構築物（ドック橋，岸壁，桟橋，軌道，貯水池，坑道，煙突その他土地に定着する土木設備または工作物），(ハ)機械および装置，(ニ)船舶，(ホ)航空機，(ヘ)車両および運搬具，(ト)工具，器具および備品（観賞用，興行用その他これに準ずる用に供する生物を含む）が限定列挙されている。

　無形固定資産として，(イ)法的独占権（鉱業権，漁業権，ダム使用権，特許権等），(ロ)超過収益力（営業権），(ハ)建設費用を負担する施設利用権（専用側線利用権，鉄道軌道連絡通行施設利用権，電気ガス供給施設利用権，熱供給施設利用権等）が限定列挙されている。

　生物には，(イ)成育させた生物（牛，馬，豚，綿羊，やぎ），(ロ)成熟させた生物（かんきつ樹，りんご樹，ぶどう樹，梨樹，桃樹，桜桃樹，びわ樹，栗樹，梅樹，柿樹，あんず樹，すもも樹，いちじく樹等）が限定列挙されている。

取得価額が10万円未満または使用可能期間が1年未満の**少額・短期償却資産**は，固定資産として計上しないで，全額損金算入できる（法令133）。ただし，取得価額が20万円未満である有形固定資産については，その資産を一括して3年間で定額償却できる（法基通7-1-11）。これを**一括償却資産の損金算入方式**という。

　なお，平成18年4月1日から平成28年3月31日までに「中小企業者」および「農業協同組合等」（以下，**中小企業者等**という）が30万円未満の減価償却資産を取得した場合には，300万円を限度として全額損金算入（**即時償却**）が認められている（措法42の4, 53, 67の5，措令27の4, 39の28）。これを**中小企業者等の少額減価償却資産の損金算入**という。

　なお，**中小企業者**とは，資本金または出資の額が1億円以下である**中小法人**（ただし，同一の**大規模法人**（資本金または出資の額が1億円を超える**大法人**，資本または出資を有しない法人のうち常時使用する従業員の数が1,000人を超える法人）に発行済株式または出資の総額または総数の2分の1以上を所有されている法人および複数の大規模法人に発行済株式または出資の総額または総数の3分の1以上を所有されている法人を除く），資本または出資を有しない法人のうち常時使用する従業員数が1,000人以下の青色申告法人をいう。

　③　非減価償却資産

　固定資産のうち，減価償却対象とならない**非減価償却資産**は，「時の経過により減価しない資産」と「事業の用に供されていない資産」である（法令13）。

　時の経過により減価しない資産として，(イ)土地（地上権，借地権のような土地の上に存する権利を含む），(ロ)電話加入権（自動車電話，携帯電話等の役務の提供を受ける権利を含む），(ハ)書画・骨董（古美術品，古文書，書画，彫刻等で1点20万円以上のもの），(ニ)貴金属の素材の価額が大部分を占める固定資産（白金製溶解炉，白金製るつぼ，銀製なべ等），(ホ)立木（果樹等を除く）が限定列挙されている。

　事業の用に供されていない資産として，(イ)建設中の資産（建設仮勘定であっても，一部完成部分が事業の用に供されているときは，その部分を除く），(ロ)遊休資産（稼働休止資産であっても，休止期間中に必要な維持・修理が行われ，いつでも稼働し得る状態にあるもの，航空機の予備エンジン・予備バッテリー等のように常備する専用備品で，通常他に転用できないものを除く），(ハ)貯蔵中の資産

が限定列挙されている。

④ 劣化資産

　法人税法で認められている**劣化資産**は，生産設備の本体の一部を構成しないが，それと一体となって繰り返し使用される資産であり，数量的に減耗し，または質的に劣化するものをいう（法基通7-9-1）。

　「劣化資産」として，①冷媒，②触媒，③熱媒，④吸着材・脱着材，⑤溶剤・電解液，⑥か性ソーダ製造における水銀，⑦鋳物製造における砂，⑧亜鉛鉄板製造における溶解鉛，⑨アルミニウム電解用の陽極カーボン・氷晶石，⑩発電用原子炉用の重水・核燃料棒が列挙されている（法基通7-9-1（注））。

　なお，ある設備に常時使用され，取得価額が少額（おおむね60万円未満）である劣化資産は，事業の用に供した年度に損金算入できる（法基通7-9-5）。

(2) 減価償却資産の取得価額

　購入による取得価額は，①購入代価に②引取運賃，荷役費，購入手数料，関税その他購入のために要した**外部付随費用**と③事業の用に供するために直接要した据付費，試運転費等の**内部付随費用**を加算した合計額である（法令54①一）。

　不当に高価で購入した資産について，売主が実質的に贈与したと認められる金額がある場合には，買入価額から当該金額を控除して取得価額とする（法基通7-3-1）。つまり，**高価買入資産**の取得価額は当該資産の時価であり，買入価額が時価を超える金額は，**寄附金**（役員の場合には**賞与**）として扱われる。

　反対に，時価に比較して著しく低い価額で取得した資産については，実質的に**贈与**を受けたと認められる金額を取得価額に算入する。

　自家建設等による取得価額は，①建設等のために要した原材料・労務費・経費の額と②当該資産を事業の用に供するために直接要した費用との合計額をもって取得価額とする（法令54①二）。

　自己成育牛馬等の取得価額は，①購入代価または種付費および出産費の額，②これを成育させるために要した飼料費，労務費および③経費の額と成育後事業の用に供するために直接要した費用の額との合計額である（法令54①三）。

　自己成熟果樹等の取得価額は，①購入代価または種苗費の額，②これを成熟させるために要した肥料費，労務費および③経費の額と成熟後事業の用に供する

ために直接要した費用の額との合計額である（法令54①四）。

合併による取得価額は，①被合併法人が合併日の属する事業年度に当該資産の償却限度額の計算の基礎とすべき取得価額（帳簿価額），②合併法人が当該資産を事業の用に供するために直接要した費用の合計額である（法令54①五）。

出資による取得価額は，①受入価額に引取運賃，荷役費，運送保険料，関税，その他受入のために要した費用の額を加算した金額（この金額が時価より低い場合は時価を上限とする）と②これを事業の用に供するために直接要した費用の額との合計額である（法令54①五）。

贈与・交換・代物弁済等の方法で取得した固定資産の取得価額は，①取得のために通常要する価額（時価）と②その資産を事業の用に供するために直接要した費用の額との合計額である（法令54①六）。

なお，以下の要件を満たす**リース取引**により取得した「リース資産」は，資産計上される（法法64の2①，③）。

① 契約により賃貸借期間の中途で解除することができない。
② 賃借人が当該賃貸借に係る資産からもたらされる経済的な利益を実質的に享受でき，かつ，使用に伴って生ずる費用を実質的に負担する。

リース資産の取得価額は，①リース期間中のリース料の合計額と②付随費用の額の合計額である。ただし，契約書等でリース会社の取得価額が区分・表示できる場合，特例として，①リース会社におけるリース物件の取得価額と②賃借人が支出する付随費用の額の合計額を取得価額とすることができる。

(3) 資本的支出と修繕費

資本的支出とは，所有資産について支出した金額で，(a)当該資産の使用可能期間を延長させる部分の金額または(b)価額を増加させる部分の金額のどちらかに該当するもの（どちらにも該当する場合には，多い金額）をいう（法令132）。

資本的支出は，当該固定資産の取得価額に加算して減価償却の対象としなければならないが，通常の維持・管理のため，または災害等により毀損した部分の原状を回復するために要した金額は，**収益的支出**として**修繕費**となる。

具体的には，「資本的支出」と「収益的支出」は次のように区分例示されている（法基通7-8-1～2）。

① 資本的支出
　(イ)　建物の避難階段の取付等，物理的には付加した部分に対応する支出額
　(ロ)　用途変更のための模様替え等，改造・改装に直接要した金額
　(ハ)　機械の部品を特に品質または性能の高いものに取り替えた場合，取替えに要した費用のうち，通常の取替えに要する費用を超える部分の金額
② 修繕費
　(イ)　建物の移曳(いえい)費用および旧資材の70％以上を再使用して同一の規模および構造で再建築する解体移築費用
　(ロ)　機械装置の移設費（集中生産のための移設費を除く）
　(ハ)　地盤沈下した土地の原状を回復するために行う地盛り費用
　(ニ)　建物・機械装置等が地盤沈下により海水等の浸害を受けたために行う床上げ，地上げまたは移設の費用
　(ホ)　使用中の土地の水はけを良くするための砂利，砕石等の敷設費用等

(4) 耐用年数

① 法定耐用年数

耐用年数は，通常考えられる維持補修を前提にして，本来の用途・用法により通常予定される効果を挙げることができる「使用可能期間」（効用持続年数）である。このような考えに従った**法定耐用年数**が，「減価償却資産の耐用年数等に関する省令」によって全国一律的に定められている。

減価償却は，原則として，「法定耐用年数」によって行わなければならない。「資本的支出」に係る金額についても，現に適用している耐用年数（本体と同じ耐用年数）を適用する（耐通1-1-2）。

同一の資産が2以上の用途に共用される場合，使用目的・使用状況等を勘案して合理的に判定する（耐通1-1-1）。たとえば，事務所兼店舗用の鉄骨鉄筋コンクリート造りの建物（店舗39年，事務所50年）について，店舗用として10分の9，事務所用として10分の1を使用している場合，店舗用の法定耐用年数の39年によることが合理的である。

② 中古資産の耐用年数

法定耐用年数は新規資産を前提として定められているので，中古資産を取得し

た場合には，法定耐用年数によることもできるが，**残存耐用年数**を見積もって減価償却を行うこともできる（耐令3①）。

残存耐用年数の見積りが困難である場合，下記算式により**中古資産の耐用年数**（1年未満端数切捨て，2年に満たない場合2年）を計算する（耐令3①二）。

(イ) 耐用年数の全部を経過した資産

　　見積残存耐用年数＝法定耐用年数×20％

(ロ) 耐用年数の一部を経過した資産

　　見積残存耐用年数＝法定耐用年数－経過年数＋経過年数×20％

(5) 残存価額と備忘価額

残存価額とは，減価償却資産が本来の用役を果たして処分されるときの見積処分可能価額である。「残存価額」は，平成19年度の税制改正により，同年4月1日以後に取得される減価償却資産（**新償却方法適用資産**）には廃止されたが，同年3月31日以前に取得された減価償却資産（**旧償却方法適用資産**）には引き続き採用されている。

「残存価額」をあらかじめ見積もることは実務上困難であるので，法人税法では，旧償却方法適用資産の種類別に一律に残存価額（たとえば，有形減価償却資産には取得価額の10％，無形減価償却資産には零，果樹には取得価額の5％）を決めている（耐令5）。

なお，平成19年4月1日以後に取得した「新償却方法適用資産」については，残存価額が廃止され，1円（**備忘価額**）まで償却できるようになった。

(6) 減価償却費の計算方法

「新償却方法適用資産」に係る**新償却方法**としては，定額法，定率法（250％定率法または200％定率法），生産高比例法，取替法等が認められている。

定額法とは，減価償却費が毎期同額となるように，取得価額に**定額法償却率**（＝1÷耐用年数）を乗じて計算した金額を，各事業年度の**償却限度額**（償却費として損金経理できる最高限度額）とする方法である（法令48の2Ⅰ）。

定率法とは，減価償却費が毎期一定の割合で逓減していくように，「定率法償却率」を乗じた金額を各事業年度の「償却限度額」とする方法である（法令48の2Ⅰ②ロ）。新規に導入された**定率法償却率**は，「定額法償却率」を2.5倍または2倍

を乗じた数であり，定率法による新償却方法は，**250％定率法**（平成19年4月1日から平成24年3月31日までに取得した資産に適用）または**200％定率法**（平成24年4月1日以降に取得した資産に適用）と称される。

　生産高比例法とは，取得価額を耐用年数の期間内における生産予定数量で除して計算した一定単位当たりの金額に，各事業年度の生産数量を乗じて計算した金額を各事業年度の償却限度額とする方法である（法令48の2Ⅰ③ハ）。

　リース期間定額法とは，リース資産の取得価額をリース期間で月数按分した金額を各事業年度の償却限度額とする方法である（法令48の2①六）。

　取替資産には，定額法・定率法のほかに「取替法」も適用できる。**取替法**とは，取得価額の50％に達するまで定額法または定率法で償却し，以後は各事業年度に新たに取り替えられた資産の取替費用を損金とする方法であり，採用には税務署長の承認が必要である（法令49①・②，法規10）。

　旧償却方法適用資産に係る**旧償却方法**（旧定額法，旧定率法等）は，「残存価額」を計算要素に含める点で「新償却方法」とは異なるが，基本的に同じである。

(7) 減価償却方法の選定・届出

① 減価償却方法の選定

　新償却方法適用資産に適用される償却方法は，種類に応じて次のように選定・適用される（法令48，49の2，50）。

- (a) 建物（鉱業用建物・リース資産を除く）……………………………………… 定額法
- (b) 建物以外の有形減価償却資産 …… 定額法または定率法（償却方法を選定しなかった場合，定率法が**法定償却法**となる）
- (c) 鉱業用減価償却資産 ………… 定額法，定率法または生産高比例法（**法定償却法**として生産高比例法）
- (d) 無形固定償却資産（鉱業権・リース資産を除く）…………………………… 定額法
- (e) 鉱業権 ………… 定額法または生産高比例法（**法定償却法**として生産高比例法）
- (f) リース資産 ……………………………………………………… リース期間定額法
- (g) 取替資産 ………… 定額法，定率法または取替法（**法定償却法**として定率法）
- (h) 生物 ………………………………………………………………………………… 定額法
- (i) 営業権 …………………………………………………………… 5年間均等償却法
- (j) ソフトウェア ………………………… 3年間均等償却法または5年間均等償却法

旧償却方法適用資産に適用される旧償却方法の選定・適用も,「新償却方法適用資産」に適用される新償却方法と同様である。

② 減価償却方法の選定届出・変更

「選定単位」ごとに選定した減価償却方法は,税務署長に届け出る必要がある。ただし,無形減価償却資産（鉱業権を除く）と生物は定額法,営業権は5年間均等償却法しか適用できないので,選定届出は不要である（法令51②）。

減価償却方法を変更する場合,新方法を採用する事業年度の開始日の前日までに,その旨・変更理由等を記載した「変更申請書」を税務署長に提出しなければならない。現に採用している償却方法を採用してから相当期間（3年間；法基通7-2-4）を経過していない場合,変更する償却方法では所得計算が適正に行われ難い場合には,変更の申請が却下されることがある（法令52）。

(8) 減価償却資産の償却限度額

① 法人税法における普通償却の償却限度額

1) 普通償却における償却限度額

各事業年度の**償却限度額**は,選定した償却方法,法定の耐用年数・残存価額・備忘価額・取得価額に基づいて計算しなければならない。

法人税法は,法人が損金経理した**減価償却費**の金額のうち,税務上の**償却限度額**の範囲内で損金算入を認めている（法法31①）。損金経理された減価償却額が法人税法上の「償却限度額」を超える場合,**償却超過額**は損金不算入となる（法令62）。他方,**償却不足額**は当然に「損金の額」とはならない。

2) 期中取得資産の償却限度額

定額法,定率法または取替法を採用している資産を事業年度の中途で取得し,事業の用に供した場合,その**期中取得資産**には,事業に供した日から事業年度末までの月数（1ヵ月未満の端数は1ヵ月とする）に応じて償却限度額を計算する（法令59①）。すなわち,期中取得資産の償却限度額は**月数按分法**によって計算される。

3）過剰使用資産の増加償却における償却限度額

通常の使用時間を超えて使用している機械・装置には，**増加償却**が認められている。「償却限度額」は，下記算式によって計算する（法令60，法規20①）。

償却限度額＝通常の償却限度額×（1＋増加償却割合）

増加償却割合は，小数点以下2位未満の端数を切り上げ，10％に満たない場合には「増加償却」を適用しない（法令60，法規20①）。

増加償却割合＝当該事業年度の1日当たりの超過使用時間×$\dfrac{35}{1000}$

② 租税特別措置法による特別償却

特別償却とは，法人税法の規定により計算された**普通償却限度額**のほかに，「租税特別措置法」により租税優遇措置として**青色申告法人**に認められる追加的償却である。「特別償却」は，社会・経済政策，中小企業政策等の種々の政策目的によって時限立法的に一定期間（**指定期間**という）に設けられている。

「特別償却」には，(a)特定の減価償却資産を取得して事業の用に供した事業年度において，**特別償却限度額**として「取得価額」の一定割合を一時に損金算入する**初年度特別償却**（**狭義の特別償却**ともいう），(b)当該資産の取得後一定期間（5年間または3年以内）に「普通償却限度額」の一定割合を損金算入する**割増償却**の二つの形態がある。「特別償却」が認められる資産の**償却限度額**は，「普通償却限度額」と「特別償却限度額」の合計額となる。

現在，(a)エネルギー環境負荷低減推進設備等，**中小企業者等**（資本金または出資金が1億円以下である**中小法人**（発行済株式総数の2分の1以上が同一大規模法人の所有に属する法人等を除く）および農業協同組合等）が取得した機械等，国家戦略特別区域で取得した機械等，地方活力向上地域で取得した特定建物等，**特定中小企業者等**（認定経営革新等支援機関等による経営改善指導助言書類の交付を受けた中小企業者等）が取得した経営改善設備，生産性向上設備等，耐震基準適合建物等に対する「初年度特別償却」，(b)障害者を雇用する場合の機械等，サービス付き高齢者向け優良賃貸住宅等に対する「割増償却」が認められている。

なお，「特別償却」は**青色申告法人**に認められる租税優遇措置であるが，「サービス付き高齢者向け優良賃貸住宅の5年間割増償却」は**白色申告法人**に対しても

適用される。

　特別償却を行った事業年度では，これに見合う税額は減少するが，当該資産の帳簿価額はそれだけ減額されているので，特別償却を実施しなかった場合に比べて，その後の事業年度における償却限度額が小さくなるか，残存価額に達して償却できなくなる時期が早くなるので，これによって将来の税額は増加する。「特別償却」は，減価償却制度を利用した**課税繰延措置**（納税の延期）であり，国家からの**無利息融資効果**をもつ。

4. 固定資産の圧縮記帳損

　法人が国庫補助金，工事負担金等の交付を受けた場合，企業会計上は資本剰余金とされるが，法人税法では「資本等取引」を対株主取引に限定しているので，資本等取引とはみなされず，**受贈益**として「益金の額」に算入される。

　しかし，益金に算入されれば，ただちに課税対象となるので，補助金等本来の目的が失われ，目的とする資産の取得が困難となる。そこで法人税法では，当該資産等の取得価額を減額（圧縮）して記帳し，減額した部分の金額を損金の額に算入する（すなわち，**圧縮記帳損**として計上する）ことによって，その取得年度の所得計算上，「受贈益」と「圧縮記帳損」を相殺し，所得がなかったと同様の効果をもたらす**圧縮記帳**が容認されている。

　固定資産の帳簿価額が実際の取得価額より受贈益相当額（ただし，一定の**圧縮限度額**）だけ低く記帳されるので，減価償却資産である場合には，圧縮した帳簿価額を基礎価額として償却するため，損金としての減価償却費は本来の取得価額によって計算する減価償却費よりも少なくなる。したがって，圧縮後の帳簿価額による減価償却費と本来の取得価額による減価償却費との差額は，取得年度以降の各事業年度に課税されることになる。また，土地等の非償却資産である場合には，譲渡された時点で受贈益相当額部分に対し課税が行われる。

　このように，圧縮記帳は，国庫補助金等を受け入れたときに課税されるべき法人税を一時に課税せず，固定資産の耐用年数期間にわたって徐々に課税していくか，譲渡時に一時に課税するという**課税繰延措置**である。

　「法人税法」（国庫補助金等，工事負担金，保険差益，交換差益等）および「租税特別措置法」（収用換地等）で「圧縮記帳」が認められているが，「租税特別措

置法」によって圧縮記帳を行った資産には，原則として，「特別償却」または「税額控除」は適用できない。

5. 繰延資産の償却費

　法人税法上，**繰延資産**とは，法人が支出する費用のうち，支出の効果がその支出の日以後1年以上に及ぶもので，政令で定めるものをいう（法法2二十四）。
　法人税法で認められる繰延資産には，会社法で限定列挙している繰延資産（①創立費，②開業費，③開発費，④株式交付費および⑤社債等発行費）のほかに，次のような**6号繰延資産**がある（法令14①，法基通8-1-3〜12）。
　(a)　自己が便益を受ける公共的施設または共同的施設の設置または改良費用（たとえば，道路の舗装費，堤防・護岸等の建設費，法人が所属する協会・組合・商店街等が共同で設立するアーケード・会館・すずらん燈等の負担金）
　(b)　資産を賃借し，または使用するために支出する権利金，立退料その他の費用
　(c)　役務の提供を受けるために支出する権利金その他の費用
　(d)　製品等の広告宣伝の用に供する資産を贈与したことにより生ずる費用
　(e)　上記のほかに，自己が便益を受けるために支出する費用（スキー場のゲレンデ整備費用，同業者団体等の加入金，職業運動選手等の契約金等）

　繰延資産の**償却**は，法人が損金経理した金額のうち，税法上の「償却限度額」に達するまでの金額を損金の額に算入する（法法32①）。**償却限度額**は，次のような繰延資産の区分に応じ，当該資産の支出の効果の及ぶ期間を基礎として計算する（法令64①一，二，法令64②）。
　(a)　自由償却が認められる繰延資産
　会社法が限定列挙している繰延資産（創立費，開業費，開発費，株式交付費，社債等発行費）には，償却の時期・額を法人に任せる**自由償却**による。
　(b)　均等償却すべき繰延資産
　上記(a)以外の**6号繰延資産**の償却限度額は，資産額を支出効果の及ぶ期間の月数で除し，これに当該事業年度の月数（端数切上げ）を乗じた金額である。

6. 資産の評価損

資産の評価換えをして帳簿価額を減額した場合には，その減額した部分の金額は「損金の額」に算入しない（法法33①）。

ただし，資産（棚卸資産，有価証券，固定資産および繰延資産。預金，貯金，貸付金，売掛金その他の債権を除く。）につき災害による著しい損傷，その他の政令で定める特別な事実（たとえば，「会社更生法」または「金融機関等の更生手続の特例等に関する法律」による更生計画認可の決定があった場合，有価証券の発行法人の財政状態が著しく悪化したため当該有価証券の価額が著しく低下した（期末時の価額が帳簿価額のおおむね50％相当額を下回る）場合，固定資産につき①1年以上にわたり遊休状態にある場合，②本来の用途に使用できないため，他の用途に使用された場合，③所在場所の状況が著しく変化した場合等）が生じた場合，**資産評価損**を損金算入できる（法法33②）。

7. 貸倒損失

売掛金，貸付金，その他これらに準ずる債権（**金銭債権**という）に貸倒れが生じた場合，**貸倒損失**として損金算入できる。なお，売掛金，貸付金等の**売掛債権等**（既存債権）について取得した受取手形を裏書譲渡（割引を含む）した場合，当該債権は「売掛債権等」として取り扱われる（法基通11-2-14）。

「貸倒損失」には**債務確定主義**が適用され，法人税法では，次のとおり規定されている（法基通9-6-1〜3）。

(a) 次の事実または法律により金銭債権の一部または全部が切り捨てられた場合には，金銭債権は，「損金経理」の有無に係らず，損金（**一部・全部貸倒損失**）に算入される。

　① 「会社更生法」，「金融機関等の更生手続の特例等に関する法律」または「民事再生法」による再生計画認可の決定があった場合，切り捨てられることになった部分の金額

　② 会社法の規定による特別清算に係る協定の認可の決定があった場合，切り捨てられることになった部分の金額

　③ (イ)債権者集会の協議決定で債務者の負債整理を定めているもの，(ロ)行政

機関または金融機関その他第三者の斡旋による当事者間の協議により，締結された契約により切り捨てられることになった部分の金額
④ 債務者の債務超過の状態が相当期間継続し，金銭債権の弁済を受けることができない場合，債務者に対し書面により明らかにされた債務免除額

(b) 金銭債権が全額回収不能である場合には，債務者の資産状況，支払能力等からみて損金経理により全額損金（**全額貸倒損失**）に算入される。

(c) **売掛債権**（売掛金，未収請負金，これらに準ずる債権をいい，貸付金等を含まない）について債務者に次に掲げる事実が発生した場合，「売掛債権」から備忘価額（1円）を控除した残額が「損金経理」により貸倒損失（**備忘価額貸倒損失**）として損金算入することができる。
① 債務者との取引を停止したとき以後1年以上を経過したこと
② 同一地域において有する売掛債権の総額が，その取立てのために要する旅費その他の費用に満たない場合に，支払いを督促しても弁済がないこと

8. 引当金繰入額および準備金積立額

(1) 貸倒引当金繰入額

貸倒引当金を設定できる法人は，**中小法人**，銀行，保険会社等に限定されている。**貸倒引当金繰入限度額**については，①**個別評価金銭債権**に対する回収不能見込額の貸倒引当金繰入額，②**一般売掛債権等**に対する「貸倒実績率」による一括評価による貸倒引当金繰入額が認められている（法法52）。

① 個別評価金銭債権に対する回収不能見込額の貸倒引当金繰入額
㈰ 長期棚上げ債権の貸倒引当金繰入額

下記の場合に生じる**長期棚上げ債権**に対しては，対象となる個別債権ごとに，特定の事由が生じた事業年度の末日の翌日から5年を経過する日までの弁済予定金額と担保権の実行による取立て等の金額を控除した金額が，**貸倒引当金繰入限度額**となる（法法52，法令96，法規25の2，法基通11-2-8）。

(a) 「会社更生法」，「金融機関の更生手続の特例等に関する法律」または「民事再生法」による更生計画認可の決定があった場合
(b) 「破産法」による強制和議の認可決定があった場合

(c)　「会社法」による特別清算に係る協定の認可の決定があった場合
　(d)　(イ)債権者集会の協議決定，(ロ)行政機関または金融機関その他の第三者の斡旋による当事者間の協議により締結された契約で，合理的な基準により債務者の負債整理を定めている場合

　(ロ)　**金銭債権の一部の取立不能見込額**

　債務者について①債務超過の状態が相当期間継続し，かつ，事業好転の見通しがないこと，②債務者が天災事故・経済事情の急変等により多大な損失を蒙ったこと等が生じたため，当該金銭債権の一部の金額につき回収の見込みがないと認められる場合，当該取立不能見込額の繰入れが認められる。

　(ハ)　**形式基準（50％基準）による債権回収不能見込額**

　金銭債権の回収不能が確定していなくても，債務者について次の事実が生じた場合，当該金銭債権（担保権の実行・保証債務の履行等による取立て等の金額を控除する）の50％相当額を**貸倒引当金繰入限度額**とすることができる。
　(1)　「会社更生法」，「金融機関の更生手続の特例等に関する法律」または「民事再生法」の規定による再生手続の開始の申立てがあったこと
　(2)　「破産法」による破産の申立てがあったこと
　(3)　「会社法」による特別清算の開始の申立てがあったこと
　(4)　手形交換所等において取引の停止処分を受けたこと

　②　**一般売掛債権等に対する一括評価法に貸倒引当金繰入額**

　一括評価金銭債権とは，前述の「個別評価金銭債権」を除く「金銭債権」である（法法52）。貸倒引当金の繰入率は「貸倒実績率」による。**貸倒実績率**（小数点以下4位未満端数切上げ）は，過去3年間における貸倒損失に基づいて算定される。

　なお，期末の資本金額または出資金額が1億円以下である**中小法人**は，一括評価金銭債権について「法定繰入率」により計算できる。**法定繰入率**は事業の種類に応じて，次のように定められている（措法57の10，措令33の9）。

卸・小売業：1.0％	割賦小売業・包括信用購入あっせん業：1.3％
製造業：0.8％	その他の事業：0.6％
金融・保険業：0.3％	

　さらに，公益法人等と協同組合等は，これらの金額の12％増しの額を**貸倒引当**

金繰入限度額とすることができる（措法57の10③，68の59③）。

貸倒引当金の繰入額は，翌事業年度末において全額を益金として戻入れなければならない。すなわち，**全額洗替え方式**が原則とされている。

(2) 返品調整引当金繰入

① 対象事業と設定要件

出版業，出版に係る取次業および医薬品・農薬・化粧品・既製服等の製造業・卸売業を営む法人が，「損金経理」により**返品調整引当金**に繰り入れた金額のうち，繰入限度額に達するまでの金額は損金算入される（法法53①，法令99）。

ただし，事業に係る販売商品の大部分について次の事項のいずれにも該当する場合に，設定することができる（法令100）。

(イ) 販売先からの求めに応じ，販売した商品を当初の販売価額によって無条件に返品を受け入れる特約，慣習があること

(ロ) 販売先が法人から商品の送付を受けた場合に，注文の有無にかかわらず，購入する特約，慣習があること

② 返品調整引当金の繰入限度額

返品調整引当金繰入限度額は，特定事業の種類ごとに**期末売掛金基準**（期末売掛金残高×返品率×売買利益率）または**売上高基準**（期末前2カ月間の総売上高×返品率×売買利益率）のいずれかによって計算する（法令101①）。基準の選択は法人の任意であり，毎期いずれかに有利選択できる。

なお，返品調整引当金の繰入額は，貸倒引当金と同様に，繰入年度の翌事業年度に**全額洗替え方式**により益金に算入する。

(3) 租税特別措置法上の準備金積立額

税法上の準備金は，将来において確実に損失・支出が発生するかどうか必ずしも明確でなく，当期の収益に対応するか否かも判然としないが，これに備えて設けるものであり，会計的には利益留保の要素が強い。したがって，すべて「租税特別措置法」によって規定され，設定できる**指定期間**は限定されている。

「租税特別措置法」が認めている準備金には，海外投資等損失準備金，新事業

開拓事業者投資損失準備金，金属鉱業等鉱害防止準備金，特定災害防止準備金，使用済核燃料再処理準備金，原子力発電施設解体準備金，特定船舶に係る特別修繕準備金等がある。

引当金の設定は青色申告を要件としないが，「租税特別措置法」における準備金の積立ては**青色申告法人**に限られる。また，準備金には利益留保の性格が強いため，損金経理だけではなく**剰余金処分方式**も認められている。剰余金処分方式による積立額は，申告調整によって所得金額から減算することとなる。

なお，準備金の積立額は，原則として，将来の事業年度において取り崩され，「益金の額」に算入される。たとえば，**海外投資等損失準備金**では，積立事業年度末の翌日から5年間据え置いて，以後5年間に均等額が取り崩される。

9. 給　　与

(1) 法人税法上の役員と使用人の区分

給与は，「雇用契約」による**使用人給与**と「委任に準ずる契約」による**役員給与**に区分される。使用人給与は，原則として，全額損金算入されるが，役員給与には，その地位の特殊性から損金算入に制限が加えられている（法法34，35）。

法人税法上の**役員**とは，①法人の取締役，執行役，会計参与，監査役，理事，監事および清算人，②法人の経営に従事している（主要な業務執行の意思決定に参画して，たとえば資金・設備・人事・販売・製造計画などに自己の意思を表明し反映される）者で，(イ)使用人（職制上使用人としての地位のみを有する者に限る）以外の者，(ロ)**同族会社**（株主等の3人以下および同族関係者の有する株式等の合計が当該会社の発行済株式総数等の50％以上を超える会社等）の使用人のうち一定割合以上の持株を有する者（**同族会社の特定役員**という）である（法法二十五，法令7）。上記(イ)・(ロ)に属する者は，**みなし役員**とよばれる。

なお，役員のうちには，使用人の職制上の地位（部長，課長，支店長，工場長，主任等）を併せ持っている者で，常時使用人としての職務に従事している者が存在する。これを**使用人兼務役員**という（法基通9-2-5）。

(2) 役員給与

役員給与には，金銭や物による給与だけでなく，債務の免除による利益その他の**経済的利益**が含まれる（法法34④）。

一般的な役員給与として認められる給与形態には，①「定期同額給与」，②「事前確定届出給与」，③「利益連動給与」があり，**特殊形態の給与**として，④「退職給与」，⑤「新株予約権による給与」，⑥使用人兼務役員に対して支給する「役員分給与」がある（法法34）。

① 定期同額給与

定期同額給与とは，支給時期が1カ月以下の一定の期間ごとに支給される給与（**定期給与**という）で，かつ，当該事業年度の各支給時期における支給額が同額であるものその他これに準ずる給与をいう（法法34①一）。「定期同額給与」とみなされるならば，「損金の額」に算入することができる。

役員は，通常，事業年度開始後3カ月以内に開催される定時株主総会で選任され，役員給与の改定が行われるので，定時株主総会の翌月から役員給与が支給されることになる場合にも，事業年度中の各支給時期における支給額が同額であるので，支給期間が12カ月に満たなくとも「定期同額給与」に該当する。

なお，「各支給時期における支給額が同額である給与に準ずる給与」とは，次の4種類の給与をいう。

(a) 定時改定給与

定時改定給与とは，当該事業年度開始の日から3カ月を経過する日までに金額が改定された場合における次に掲げる「定期給与」をいう（法令69①一イ）。

　(イ) 金額改定前の各支給時期（当該事業年度に属するものに限る）における支給額が同額である定期給与（**改定前定期同額給与**）

　(ロ) 金額改定以後の各支給時期における支給額が同額である定期給与（**改定後定期同額給与**）

(b) 臨時改定給与

役員の職制上の地位の変更・職務の内容の重大な変更等の「臨時改定事由」により臨時的に定期給与を改定した場合，金額改定以後の各支給時期における**臨時改定給与**（上記(a)を除く）は定期同額給与である（法令69①一ロ）。

(c) 減額改定給与

減額改定給与とは,「定期給与」の額について,当該法人の経営の状況が著しく悪化したことその他これに類する理由により減額改定がなされた場合,当該事業年度の改定前の各支給時期における支給額および改定以後の各支給時期における支給額がそれぞれ同額である定期給与をいう(法令69①一ハ)。

(d) 概ね一定額の経済的利益

概ね一定額の経済的利益とは,継続的に供与される経済的な利益のうち,その供与される利益の額が毎月おおむね一定であるものをいう(法令69①二)。**経済的利益**には,金銭以外に広く経済的な価値を有するものが含まれる。たとえば,法人が商品として販売する財貨・サービスを初め,法人が所有する資産の提供による利益等,様々な経済的利益が考えられる。

② 事前確定届出給与

事前確定届出給与とは,役員の職務につき所定時期に確定額を支給する旨の定めに基づいて支給する給与(定期同額給与・利益連動給与を除く)であり,しかも,(イ)株主総会等の決議によりその給与に係る定めをした場合におけるその決議日(その決議日が職務執行開始日後である場合にはその開始日)から1カ月を経過した日と(ロ)その会計期間開始日後から4カ月を経過した日とのいずれか早い日までに,納税地の所轄税務署長に確定額支給の内容に関する一定事項の届出をした給与をいう(法法34①二,法令69②)。

③ 利益連動給与

利益連動給与とは,同族会社以外の法人が業務執行役員に対して利益に連動して支給する給与のうち,(a)算定方法要件,(b)支給期限要件および(c)損金経理要件を満たすものをいう(法法34①三,法令69⑥~⑩,法規22の3③)。

なお,役員給与が次の(イ)実質基準と(ロ)形式基準による**過大報酬**に該当する場合には,いずれか多い金額は損金の額に算入できない(法令70①)。

(イ) 実質基準

給与の額が,職務の内容,収益の状況,使用人に対する給料の支給状況,同業・同規模法人の役員給与の支給状況等に照らして,その役員の職務に対して

「不相当に高額」と認められる部分の金額
(ロ) 形式基準
　定款の規定・株主総会等の決議により，給与として支給することができる限度額を超える場合，その限度額を超える金額

　　④　退職給与
　退職した役員に支給した**退職給与**の額が，業務期間，退職の事情，同種事業を営む法人の事業規模が類似するものの役員に対する退職給与の支給の状況等に照らし，相当であると認められる金額を超える場合，その超える部分の金額は，「不相当に高額な部分の金額」として損金算入されない（法令70②）。

　　⑤　新株予約権を対価とする費用
　内国法人が個人から役務の提供を受ける場合，当該役務の提供に係る費用の額につき対価として**新株予約権**を発行したときは，当該個人において当該役務の提供につき所得税法の規定により「給与所得」に係る収入金額または総収入金額に算入すべき金額を生ずべき給与等，課税事由が生じた日に当該役務の提供を受けたものとして，損金算入することができる（法法54）。

　　⑥　使用人兼務役員給与
　使用人兼務役員が受ける「給与」は，役員分と使用人分に区分できるが，このうち「役員分給与」については，前述の「役員給与」に対する取扱いに服す。他方，「使用人分給与」については，原則として，全額が損金算入される。

10. 寄　附　金

　寄附金とは，寄附金，拠出金，見舞金その他いずれの名義を問わず，金銭等の資産または**経済的利益**を贈与または無償供与（たとえば，無償で建物を貸すこと）などをいう（法法37⑦）。なお，時価より低い価額で資産を譲渡する**低廉譲渡**の場合にも時価とその対価の差額は「寄附金」とみなされる。
　企業会計上，寄附金は費用となるが，法人税法では，冗費節約，財政収入確保等の理由により，**一般寄附金**については，一定の限度額を超える場合には，その

図表 2−1　寄附金の損金算入限度額

(A)　一般寄付金の損金算入限度額
　(a)　普通法人等（普通法人，共同組合等，人格のない社団等）

$$\left.\begin{array}{l}\text{所得金額} \times \dfrac{2.5}{100} \\[6pt] \text{資本金等の額} \times \dfrac{\text{月数}}{12} \times \dfrac{2.5}{1,000}\end{array}\right\} \text{合計} \times \dfrac{1}{4}$$

　(b)　資本・出資を有しない法人等，一般社団法人・一般財団法人等

$$\text{所得金額} \times \dfrac{1.25}{100}$$

(B)　特定公益増進法人等に対する損金算入限度額

$$\left.\begin{array}{l}\text{所得金額} \times \dfrac{6.25}{100} \\[6pt] \text{資本金等の額} \times \dfrac{\text{月数}}{12} \times \dfrac{3.75}{1,000}\end{array}\right\} \text{合計} \times \dfrac{1}{2}$$

(C)　国または地方公共団体への寄附金および指定寄附金の全額

（右側中括弧：損金算入限度額の合計）

超える金額は「損金不算入」となる（法法37①，法令73①一）。

　ただし，①国または地方公共団体に対する寄附金，②公益事業を行う法人に対する寄附金で，広く一般に募集され，教育または科学の振興，文化の向上，社会福祉への貢献等，公益の増進に寄与するための支出で緊急を要するものに充てられることが確実であるものとして財務大臣が指定したもの（**指定寄附金**という）は，その全額を損金の額に算入する（法法37③・④）。

　また，教育または科学の振興，文化の向上，社会福祉への貢献その他公益の増進に著しく寄与する法人等で，法令で定める**特定公益増進法人等**（たとえば，日本私立学校振興・共済事業団，日本学術振興会，日本国際交流センター）に対する寄附金は，損金算入限度額を超える場合には，その損金算入限度額に相当する金額を損金に算入する（法法37④）。

11．交際費等

(1)　交際費等の意義および範囲

交際費等とは，販売拡張・促進に支出される交際費，接待費，機密費等の費用

で，得意先，仕入先その他事業に関する者等に対する接待，慰安，贈答，きょう応，その他これらに類似する行為のために支出される費用をいう（措法61の4④）。接待等の相手方は，直接その法人の営む事業に取引関係のある者に限らず，間接にその法人の利害に関係ある者およびその法人の役員，従業員，株主等も含まれる（措通61の4(1)-22）。

「交際費等」には，たとえば，①法人の社屋新築記念・何周年記念における宴会費・記念品代・交通費，新船建造・土木建築等における進水式・起工式・落成式等における費用，②得意先・仕入先等，社外者の慶弔・禍福に支出する金品等の費用，③得意先・仕入先等を旅行・観劇等に招待する費用等，④総会屋等に対し会費，賛助金，寄附金，広告料，購読料等の名目で支出する金品に係るもの，⑤建設業者等が工場の入札に際して支出する「談合金」その他これに類する費用等がある（措通61の4(1)-15）。

ただし，①もっぱら従業員の慰安のための運動会・演芸会・旅行等に通常要する費用（**福利厚生費**），②飲食に要する費用（法人の役員・従業員またはこれらの親族に対する接待等の支出を除く）で参加者1人当たりの金額が5,000円以下の飲食費（**少額社外飲食費**），③カレンダー，手帳，うちわ等の物品を贈与するために通常要する費用（**少額広告宣伝費**），④会議に茶菓子，弁当等の飲食物を供与するため通常要する費用（**会議費**），⑤出版物等の記事収集，または放送の取材に通常要する費用（**取材費**），⑥災害時における取引先に対する売掛債権の免除，災害見舞金等・自社製品等の提供などは，「交際費等」の範囲から除外される（措法61の4③，措令37の5，措通61の4(1)-10の2～4）。

(2) 隣接費用との区分

事業に直接関係のない者に金銭・物品等を贈与した場合，それが寄附金であるか交際費であるかは個々の実態により判定すべきであるが，金銭で行った贈与は原則として**寄附金**とされる（措通61の4(1)-2）。

販売促進の目的で特定地域の得意先に販売奨励金等として金銭または事業用資産を交付する場合の**販売費等**は，「交際費等」に該当しないが，金銭の全部または一部が旅行・観劇等の招待費用の負担額として交付される場合には，その負担額相当額は**交際費等**に該当する（措通61の4(1)-7）。

不特定多数の者に対する宣伝効果を意図する金品の交付等は**広告宣伝費**，特定

の者に対する接待・贈答等を意図する金品の交付等は**交際費等**として扱われる。たとえば，次の費用は**広告宣伝費**に該当する（措通61の4(1)-9）。

(イ) 製造業者または卸売業者が，抽選等により一般消費者を旅行・観劇等に招待する費用または金品を交付する費用

(ロ) 製造業者または卸売業者が，金品引換券付販売に伴い，一般消費者に対し金品を交付する費用

(ハ) 一般の工場見学者等に製品を試飲・試食させる費用

(ニ) 見本品・試用品の供与に通常要する費用

社内の行事に際して支出される金品等で，次に掲げる費用は「交際費等」ではなく**福利厚生費**として扱われる（措通61の4(1)-10）。

(イ) 創立記念日，国民祝日，新社屋落成式等の祝賀会に際して，従業員におおむね一律に社内で供与する通常の飲食に要する費用

(ロ) 従業員（退職者を含む）およびその親族の慶弔・禍福に際して，従業員等に一定の基準に従って支給する金品に要する費用

従業員等に支給する下記費用は，**給与**の性質を有するので，「交際費等」に含めない（措通61の4(1)-12）。

(イ) 常時給与される昼食等の費用

(ロ) 自社製品・商品等を原価以下で販売した場合の原価に達するまでの費用

(ハ) 機密費，接待費，交際費，旅費等の名義で支給したもののうち，その法人の業務のために使用したことが明らかでないもの

(3) 交際費等の損金算入限度額

「交際費等」の支出は，企業会計上，費用として計上するが，税法では，冗費節約，財政収入確保等の理由により，原則として，損金算入に制限が設けられている。すなわち，交際費等の額のうち接待飲食費の50％相当額を超える金額は，「損金の額」に算入されない（措法61の4，68の66）。

ただし，資本金が1億円以下である**中小法人**（資本金の額等が5億円以上である法人等（大法人）による完全支配関係がある普通法人または複数の大法人に発行済株式等の全部を保有されている普通法人を除く）については，**定額控除限度額**（年間800万円）を超える金額を損金不算入する特例措置との選択適用が認められている（措令61の4②）。

12. 入会金等の費用

「法人会員」として支出する**ゴルフクラブ入会金**は，「非償却資産」として償却されない。ただし，記名式の法人会員で名義人たる特定の役員または使用人が，もっぱら法人の業務に関係なく利用するものと認められるときは，これらの者に対する**給与**とする。脱退してもその返還を受けることができないものは，脱退時に損金の額に算入する（法基通9-7-12）。年会費，年決めロッカー料，その他の費用は，「資産」に計上した場合には**交際費等**とし，「給与」とされる場合には当該役員または使用人の**給与**とする（法基通9-7-13）。

「個人会員」として支出する**ゴルフクラブ入会金**は，個人会員たる特定の役員または使用人に対する**給与**とする（法基通9-7-11）。ただし，無記名式の法人会員制度がないため，個人会員として入会し，法人の業務遂行上必要であると認められるときは，「資産」として計上する。年会費，年決めロッカー料等の費用は，当該役員または使用人の**給与**とする（法基通9-7-13）。

宿泊施設・体育施設・遊技施設等の**レジャークラブ入会金**については，前記ゴルフクラブ入会金の取扱いに準用する。ただし，会員としての有効期間が定められ，脱退時に入会金相当額の返還を受けることができない場合には，「繰延資産」として償却することができる。年会費その他の費用は，使途に応じて「交際費等」，「福利厚生費」または「給与」とする（法基通9-7-13の2）。

社交団体入会金については，入会金・経常会費は**交際費等**として扱われる。経常会費以外の費用で，業務遂行上必要なものは**交際費等**とし，会員個人の負担すべきものは**給与**とする。「個人会員」として入会する場合には，入会金，経常会費および経常会費以外の費用は**給与**として取り扱う（法基通9-7-14）。ただし，法人会員制度がないため「個人会員」として入会した場合，入会が業務遂行上必要であるときは，入会金は**交際費等**とする（法基通9-7-15）。

13. 不正行為等に係る費用

所得金額または税額の計算基礎となる事実の全部または一部の**隠蔽仮装行為**（いんぺいかそう）により，法人税を減少させる場合，当該行為に要する費用または損失の額は，「損金の額」に算入されない（法法55①）。

国税に係る延滞税・過少申告加算税・無申告加算税・不納付加算税・重加算税,印紙税法の規定による過怠税(かたいぜい)および地方税法の規定による延滞金・過少申告加算金・不申告加算金・重加算金のような**延滞税・加算税等**の額は,各事業年度の所得計算上,「損金の額」に算入しない(法法55③)。

内国法人が納付する①罰金・科料および過料,②「国民生活安定緊急措置法」,「独占禁止法」および「金融商品取引法」の規定による課徴金・延滞金のような**罰科金等**の額は,「損金の額」に算入しない(法法55④)。

14. 借 地 権

借地権(建物・構築物等の地上権,土地の賃借権)または地役権(通行地役権,用水地役権等)の設定により土地を使用させ,または借地権の転貸その他他人に借地権に係る土地を使用させた場合,使用対価として通常収受する権利金その他一時金(**権利金等**という)は,土地所有者側では「益金の額」に算入し,借地人側では**借地権**として「無形固定資産」(非減価償却資産)に計上する。

権利金等の収受に代えて,土地(借地権者では借地権)の価額に照らし,その使用対価として**相当の地代**を収受している場合,正常な取引条件で行われたものとして所得計算を行う(法令137)。借地権の設定等により他人に土地を使用させた場合,収受する地代の額が当該土地の**更地価額**(公示価額,相続税評価額または相続税評価額の過去3年間の平均額)に対しておおむね6%程度であるときは,その地代は**相当の地代**に該当する(法基通13-1-2)。

収受する地代が「相当の地代」の額に満たない場合,原則として,一定の算式により計算した金額から実際に収受している権利金および特別の経済的利益の額を控除した金額を借地人等に対して贈与したものとみなされる(法基通13-1-3)。すなわち,**権利金等の認定課税**が行われ,借地権対価の収受があったものとして,借地権者に**受贈益**(法人の役員または使用人である場合には,**給与**),土地所有者に**寄附金**が生じたものとみなされる。

なお,通常,権利金の授受を伴う土地の使用に権利金を収受しない場合であっても,**相当の地代**の額を収受し,次の条件のすべてを満たしている場合には,**権利金等の認定課税**は行わない(法基通13-1-7)。

① 権利金または特別な経済的利益の授受が行われていない。

② 契約書で，将来における土地の無償返還が定められている。
　③ 借地人等との連名で，上記②の旨を記載した「土地の無償返還に関する届出書」を遅滞なく当該法人の納税地の所轄税務署長に届け出る。

15. 欠　損　金

(1) 欠損金の繰越控除

　法人税の課税対象は，事業年度ごとに独立して各事業年度の課税所得としている。原則として，過去の事業年度からの「繰越利益金」や「繰越欠損金」は，当該事業年度の所得計算には関係させない。これを**事業年度独立の原則**という。
　しかし，事業年度は人為的に期間区画され，法人は事業年度を超えて存在する継続企業を前提としているので，この原則に例外規定が設けられている。
　青色申告書を提出し，その後も連続して青色申告書を提出している場合に限り，欠損金が生じた事業年度に当該欠損金額の「9年間の繰越控除」ができる。すなわち，欠損金計上後9年（平成29年4月1日以後に開始する事業年度には10年）以内の事業年度に，当該欠損金を「損金の額」に算入できる。ただし，各事業年度の所得の金額の65％相当額（平成29年4月1日以後に開始する事業年度には50％相当額）を限度とする（法法57）。中小法人には，所得金額の制限はない（すなわち，当該欠損金の全額を繰り越すことができる）。この特例措置を**欠損金の繰越控除**という。
　なお，「欠損金の繰越控除」（損金算入）は，古い事業年度に生じたものから順次行わなければならない（法基通12-1-1）。

(2) 欠損金の繰戻し還付

　青色申告事業年度において欠損金が生じた場合，確定申告書の提出と同時に，納税地の所轄税務署長に対し，当該欠損金に係る事業年度（**欠損事業年度**）開始の日前1年以内に開始した事業年度（**還付所得事業年度**）の所得に対する法人税額のうち，一定の欠損金額に対応する税額の還付を請求することができる（法法81①）。これを**欠損金の繰戻し還付**という。
　「繰戻し還付」を受けたが，欠損金額の全額を還付できなかったときは，還付金

額の計算の基礎となった金額を除いた欠損金額について，「欠損金の繰越控除」の適用を受けることができる（法法57①）。

なお，**欠損金の繰戻し還付**は，平成4年4月1日以降に終了する事業年度には適用できない。ただし，解散等の場合，**中小企業者等**に該当する場合には，「欠損金の繰戻し還付制度」を受けることができる（措法66の13①）。

第5節　法人税の計算

1．所得金額の計算

決算利益（当期純利益）に税務調整を施した所得から，さらに一定の所得控除を行うことができる。税額は，「所得の特別控除」を行って得られた所得金額に対し，所定の法人税率を適用して算出される。

所得控除として，(a)新鉱床探鉱費または海外新鉱床探鉱費の特別控除，(b)収用換地等の場合の所得の特別控除（5,000万円の特別控除額）および(c)特定事業の用地買収等の場合の所得の特別控除（特定土地区画整理事業等のために土地等譲渡：2,000万円，特定住宅地造成事業等のために土地等譲渡：1,500万円，農地保有の合理化のために農地等譲渡：800万円）がある。

2．法人税額の計算

(1)　各事業年度の所得に対する法人税率

各事業年度の所得金額に対して，下記のように法人の形態に応じて**法人税率**が異なる。さらに，資本金1億円以下の普通法人（**中小法人**）および人格のない社団等においては，年800万円以下の所得金額から成る部分の金額には**軽減税率**が適用される（法法66）。

　① 　期末資本金1億円以下の普通法人（中小法人），人格のない社団等，一定の公益法人等：

a) 所得金額が年800万円以下の金額に対して19％（平成24年4月1日から平成29年3月31日までに開始する事業年度には，15％）
　　b) 所得金額が年800万円を超える金額に対して23.9％
　② 期末資本金が1億円を超える普通法人（大法人）：23.9％
　③ 協同組合等，公益法人等：
　　a) 所得金額が800万円以下の金額に対して15％
　　b) 所得金額が800万円を超える金額に対して19％
　協同組合等について，物品供給事業に係る収入金額の総収入金額に占める割合が50％を超え，組合員数が50万人以上，物品供給事業に係る収入金額が1,000億円以上である事業年度につき，所得金額のうち10億円を超える部分に係る税率を22％とする（措法68）。
　「税額」を計算する場合，「所得金額」の1,000円未満は切り捨て，「納付税額」の100円未満の端数は切り捨てる（通法118）。

(2) 特定同族会社の留保金額に対する特別税率

　特定同族会社とは，1人以下の株主等とこれらの「**同族関係者**」が有する株式等の合計額が当該会社の発行済株式総数等の50％以上に相当する会社をいう（法法67②）。**同族関係者**とは，株主の配偶者・6親等内の血族・3親等内の姻族，株主個人の使用人，これらの同族関係者と関係の深い会社等をいう。
　特定同族会社とみなされた場合には，利益金のうち一定の限度額（留保控除額）を超えて社内留保した超過額（**課税留保金額**という）に特別税率（3,000万円以下の金額：10％，3,000万円を超え1億円以下の金額：15％，1億円を超える金額：20％）を適用して算出した法人税額が加算される（法法67）。
　なお，平成19年4月1日以後に開始する事業年度から，資本金の額が1億円以下である**中小法人**には，中小企業対策のために**特定同族会社の留保金課税制度**は適用されなくなった。

(3) 使途秘匿金に対する特別税率

　「**使途秘匿金**」（**使途不明金**と通称されている）の支出を行った場合，その支出額について40％の特別税率による法人税が追加課税される（措法62①）。
　使途秘匿金とは，法人が支出した金額の支出（贈与，供与その他これらに類す

る目的のためにする金銭以外の資産の引渡しを含む）のうち，相当の理由がなく，その相手方の氏名または名称および住所または所在地ならびにその事由をその法人の帳簿書類に記載していないものをいう（措法62②）。

3．税額控除

(1) 税額控除の種類と控除順位

事業年度の所得金額に法人税率を乗じた法人税額に，特定同族会社の課税留保金額と使途秘匿金にそれぞれの特別税率を乗じた特別税額を加算して**算出税額**を算定し，その算出税額から種々の**税額控除**を差し引いて**納付税額**が計算される。「税額控除」は，算出税額から控除できるので，永久免税となる。

「税額控除」には，「租税特別措置法」による税額控除および「法人税法」による税額控除（仮装経理に基づく過大申告の更正に伴う控除法人税額と二重課税回避のため控除（(a)所得税額控除，(b)外国税額控除））がある。

「税額控除」の順序は，「租税特別措置法」による税額控除が「法人税法」による税額控除よりも先に行われる。

(2) 租税特別措置法による税額控除

「租税特別措置法」によって**青色申告法人**に認められる**税額控除**（たとえば，取得価額の5％，8％，10％，15％等）の対象としては，試験研究費，中小企業等が取得したエネルギー環境負荷低減推進設備等・機械等，沖縄の特定地域で取得した工場用機械等，国家戦略特別地域で取得した機械等，地方活力向上地域で取得した特定建物等，雇用者数・給与額の増加，生産性向上設備等があり，税額控除の順序は任意である。一部の対象（試験研究費・雇用者・沖縄特定地域関連）を除き，税額控除は特別償却との選択適用となっている。

なお，控除額には一定の限度額（たとえば，法人税額の10％，20％，25％）が設定され，**控除限度超過額**には1年間または4年間の繰越が可能である。

(3) 法人税法による税額控除

① 仮装経理に基づく過大申告の更正に伴う法人税額の控除

仮装経理（いわゆる**粉飾決算**）に基づき過大な所得金額による確定申告に対して，税務署長が減額更正した場合，法人税額として納付した金額のうち，この更正により減額した部分の税額は，当該更正日に属する事業年度前1年間の各事業年度の法人税額相当額だけを還付し，残額は，その後5年以内の各事業年度の所得に対する法人税の額から順次控除する。

② 所得税額控除

法人が受け取る利子・配当等について所得税法により源泉徴収された「所得税額」は，法人税額から控除される（法法68）。これを**所得税額控除**という。

預・貯金の利息に係る**源泉徴収税額**は全額控除できるが，公社債の利息，受取配当・剰余金の分配，証券投資信託の収益の分配に対する所得税額は，元本の所有期間に対応する金額が法人税額から控除される（法令140の2②）。

③ 外国税額控除

内国法人が「外国法人税」を納付する場合，一定の限度額を**外国税額控除**として，当該事業年度の法人税の額から控除する（法法69）。外国税額控除の適用を受けるかどうかは法人の選択によるが，外国税額控除を選択しない場合には，納付した外国法人税額は「損金の額」に算入する（法法41）。

「国税の控除限度額」の範囲内で控除できないときは，「地方税の控除限度額」の範囲内で控除する。納付する外国法人税の額が当該事業年度の国税控除限度額と地方税の控除限度額の合計額を超える**控除限度超過額**について，3年間の繰越しの制度が認められている。

4. 申告と納付

(1) 確定申告

納税義務のある内国法人は，各事業年度終了日の翌日から2カ月以内に，**確定**

決算に基づいて作成した「確定申告書」を所轄税務署長に提出しなければならない（法法74①）。これを**確定申告**という。

なお、**確定申告書**には、①法人名、②納税地、③代表者名、④事業年度、⑤所得金額（または欠損金額）、⑥法人税額、⑦所得税額等の還付金額、⑧中間納付額の控除金額、⑨中間納付額の還付金額、⑩その他参考となるべき事項を記載するほか、当該事業年度の(イ)貸借対照表、(ロ)損益計算書、(ハ)株主資本等変動計算書等、(ニ)上記(イ)・(ロ)に係る勘定科目内訳明細書（電磁的記録によることもできる）および事業等の概況に関する書類等を添付しなければならない（法法74，法規34，35）。

災害その他やむを得ない理由（風水害，地震，火災，法令違反の嫌疑等による帳簿書類の押収およびこれらに準ずるもの）により決算を確定していないため、2カ月以内に確定申告書を提出できない場合には、その事業年度終了日後45日以内に申請書を提出し、確定申告書の提出期限を指定された日まで延期することができる（法法75①，②）。延長期間の日数に応じ、年7.3%の**利子税**を納付しなければならない（法法75⑦）。

会社法上の**大会社**（資本金が5億円以上または負債が200億円以上である株式会社）は、税務署長に当初の事業年度終了日までに「申告期限の延長申請書」を提出して申請すれば、確定申告書の提出期限を原則として1カ月間延長することができる（法法75の2）。

(2) 中間申告

事業年度が6カ月を超える法人については、当該事業年度開始の日以後6カ月を経過した日から2カ月以内に、中間納付のために**中間申告書**を税務署長に提出しなければならない（法法76）。**中間申告**には、次の二つの方法がある。

① 前事業年度の税額を基準とする中間申告

　前事業年度の法人税額を6カ月分に換算した金額が中間納付税額となる。ただし、納付税額が10万円以下である場合またはその金額がない場合には、申告書を提出する必要はない（法法71①）。

② 決算による中間申告

　中間申告書を提出すべき法人が、当該事業年度開始の日から6カ月の期間を1事業年度とみなして、当該期間の所得金額または欠損金額を計算・申告する

ことができる（法72）。

中間申告により納付した法人税額は，「確定申告」のときに控除される。なお，中間申告書の提出期限内に提出しなかった場合には，①の前事業年度の税額を基準とする中間申告書の提出があったものとみなされる（法法73）。

(3) 納　　付

「中間申告書」を提出した法人は中間納付税額，「確定申告書」を提出した法人は確定申告に基づく法人税額を，法定納期限までに国に納付しなければならない。**法定納期限**は，納付義務の消滅時効の起算月とされている（通法72①）。

第3章 所得税法

第1節 所得税の概要

1. 所得税の特色

(1) 所得税の課税標準

「所得税法」（昭和40年法律第33号）が規定する**所得税**は，「課税物件」を**所得**に求め，個人の所得金額を「課税標準」にして課される「国税」である。

前述したように，所得税は，収入を得ているという事実に対して課される**収得税**に属し，担税力の税源を「収入」に求める。たとえば，会社に勤務して給与を支給されれば「給与所得」，不動産を賃貸して収入を得たならば「不動産所得」，土地・建物等を売却して収入を得れば「譲渡所得」，配当を受領すれば「配当所得」となり，それぞれに所得税が課税される。その場合，**所得税の課税標準**は，個人が一年間に稼得した「所得の金額」であり，**所得金額**は，基本的には，「収入金額」から「必要経費」を控除して算定される。

(2) 所得の種類
① 課税所得の種類

個人の所得の源泉は，職業・発生態様等によって異なる。勤労から生じる**勤労所得**，資産運用により生じる**資産所得**または**不労所得**，勤労と資産の結合により生じる**事業所得**，資産処分により生じる**譲渡所得**に分類される。また，所得形成の時間的な要因によって，毎年繰り返して規則的・反復的に生じる所得（たとえ

ば給与所得），長時間かけて形成される所得（たとえば退職所得），資産の受贈等により臨時的に生じる所得（たとえば一時所得）に分けられる。

所得税法（第23条～第35条）では，所得の源泉・性質，担税力の相違，徴税便宜等の理由により，所得は，利子所得，配当所得，不動産所得，事業所得，給与所得，退職所得，山林所得，譲渡所得，一時所得および雑所得の10種類に分けられている。これらの所得を**各種所得**という。

上記所得のうち，「所得形成時間」の相違により区別すれば，①利子所得，②配当所得，③不動産所得，④事業所得および⑤給与所得は，毎年繰り返して継続的に稼得できる**経常的所得**であり，⑨一時所得は，臨時的・非反復的収入に基因する**臨時的所得**である。また，⑥退職所得，⑦山林所得および⑧譲渡所得は，所得形成に長期間を要する**長期性所得**である。

各種所得を「所得発生原因」の相違により区別すれば，①利子所得，②配当所得，③不動産所得などは**不労所得**（**資産所得**）であるが，⑤給与所得，⑥退職所得は**勤労所得**に属する。なお，④事業所得と⑦山林所得は，勤労と資産との共同によって生じる**勤労・資産結合所得**であるが，⑦山林所得は，所得形成が長い年月を要する「長期性所得」であるために，担税力を考慮に入れて，④事業所得から分離されている。

所得税法は，所得の種類に応じて所得金額の計算に差を設け，担税力の強弱を調整するとともに，特定の所得に「源泉徴収制度」を導入するなど，計算の簡易化を図っている。したがって，各種所得の所得金額と税額の計算方法・徴税方法は一定の規則に従ってそれぞれ異なる。

② 課税所得

課税は，原則として，すべての所得に対して行われるが，公益上の必要性・担税力の脆弱性・社会政策等の理由により課税されない所得がある。これには「非課税所得」と「免税所得」がある。

非課税は，最初から租税法律関係を除外され，「課税除外」ともいわれる。給与所得者の通勤手当（最高10万円），少額公債の利子，文化功労者年金，ノーベル賞として交付される金品，五輪報奨金などが**非課税所得**となる。

免税とは，税金を永久免除されることをいい，納税義務の一部または全部を解除することであり，当初より課税要件除外となる「非課税」とは異なる。

「非課税所得」は，課税計算上その所得が存在しなかったものとして取り扱われ，原則として，申告の手続きを必要としないが，**免税所得**は，課税された後にその所得税を免除される所得であるので，申告の手続きを必要とする。

(3) 各種所得の総合

① 総合課税

10種類に分類された「各種所得」の所得金額は，原則として，すべて合算され，その合計額に対して所得税が課される。この課税方式を**総合課税**という。

しかし，担税力の脆弱性等の理由により，「山林所得」と「退職所得」は他の所得と合算せず，分離して課税計算される。この課税方式を**分離課税**という。

したがって，**所得税の課税標準**は「総所得金額」，「退職所得金額」と「山林所得金額」に大別される（所法22①）。総合課税される**総所得金額**は，(イ)利子所得，配当所得，不動産所得，事業所得，給与所得，短期譲渡所得と雑所得の合計，(ロ)長期譲渡所得と一時所得の合計の2の1相当額から成る（所法22②）。

② 分離課税

さらに，担税力・徴収便宜等の理由によって，土地等の事業所得，土地建物等の譲渡所得，株式等に係る譲渡所得は，他の所得と分離して税額計算する（すなわち**分離課税**となる）。ただし，申告・納税手続きは一般の確定申告で行う。

③ 源泉分離課税

利子所得のうち，「国内において」支払いを受ける預・貯金の利子，公社債の利子などは，原則として，15.315％（このほかに地方税5％）の特別税率で源泉徴収され，分離課税される（措法3）。この課税方式を**源泉分離課税**といい，これにより課税関係は完了する（すなわち，確定申告の必要はない）。

株式等に係る譲渡所得には，**申告分離課税**（所得税15.315％，地方税5％）または譲渡代金の15.315％の特別税率による**源泉分離課税**を選択できる。割引債の償還差益には，発行時に18.378％の特別税率で**源泉分離課税**が行われる（措法37の10，37の11の5，41の12）。

なお，平成25年1月1日から平成49年12月31日までの所得については，源

泉徴収すべき所得税額の2.1％の税率を乗じた**復興特別所得税**も併せて源泉徴収されている（復興財源確保法8, 13, 28）。

④ 源泉徴収

給与所得者の給与所得については，その給与の支払いのつど所得税が源泉徴収される（所法183①）。源泉徴収による納税は予定計算によるものであるから，年末に調整計算が行われる。この**年末調整**によって，給与所得の納税関係は完了する（所法190）。ただし，収入金額が2,000万円を超える者等，一定の給与所得者は確定申告を行うことになっている（所法121）。

「退職所得」については，支払いを受けるときに源泉徴収され，納税関係は完了するので，申告する必要はない。ただし，「退職所得の受給に関する申告書」を提出しなかったために，20.42％の税率で源泉徴収された場合には，その源泉徴収税額が正規の税額より少ない者は申告しなければならない（所法203, 所規77）。

(4) 超過累進税率

税率とは，税額を算出するために「課税標準」に対して適用される比率である。税率には，(a)課税標準について単位当たり一定額を決めている**定額税率**，(b)課税標準の大小に関係なく一定割合を用いる**比例税率**，(c)課税標準の大小に応じて累進的または後退的に定めている**累進税率**または**後退税率**がある。

わが国では，法人税の税率は基本的には「比例税率」であるが，所得税には，所得の増加に応じて多段階に税率を高くする**超過累進税率**（「多段階超過累進税率」という）が適用されている（所法89）。「超過累進税率」は，単純に所得金額に

図表 3-1 所得税の超過累進税率

課税総所得金額等　(A)	税率	税額の速算式
195万円以下	5%	(A) × 5%
195万円超　330万円以下	10%	(A) × 10% － 97,500円
330万円超　695万円以下	20%	(A) × 20% － 427,500円
695万円超　900万円以下	23%	(A) × 23% － 636,000円
900万円超　1,800万円以下	33%	(A) × 33% － 1,536,000円
1,800万円超　4,000万円以下	40%	(A) × 40% － 2,796,000円
4,000万円超	45%	(A) × 45% － 4,796,000円

見合った税率を適用する**単純累進税率**とは異なり、より高くなる一定の所得金額の超過額により高い税率を多段階に適用することになる。

たとえば、所得金額が800万円である場合、超過累進税率による所得税は次のように計算される。

① 　195万円 × 5% 　　　　　　= 9.75万円
② （330万円 − 195万円）× 10% = 13.5万円
③ （695万円 − 330万円）× 20% = 73万円
④ （800万円 − 695万円）× 23% = 74万円
　　所得税：170.25万円（単純累進税率を適用した場合には、184万円（= 800万円 × 23%）となる）

(5) 所得税の課税年度

所得税は、個人が1年間に稼得した所得に課税される。同じ1年間であっても、「法人税」には**事業年度課税**が適用されるが、個人の「所得税」には、毎年1月1日から12月31日までの暦年1年間に生じた所得に課税される**暦年課税**が採用されている。

所得税は、毎年、その年の1月1日から12月31日までの1年間に得た所得を総合して、翌年の2月16日から3月15日までの**確定申告期間**に税務署へ確定申告しなければならない。

(6) 所得税の申告納税

① 申告納税制度

所得税は、個人が自主的に課税所得の金額を計算し、それに対する税額を算出し、これを申告・納税しなければならない。これを**申告納税制度**という。

ただし、給与所得者の大部分の者は、基本的に、**年末調整**で所得税が精算されているので、申告・納税する必要はない。

② 予定納税制度

所得税を確定申告により納付する場合でも、「予定納税」によって納付額は精算される。確定申告時に一時に多額の所得税を納付することは、納税者にとっては

負担が過重となり，国としては税収が平準化されないために，その年の所得税を7月と11月の2回に分けて予納する**予定納税制度**が採用されている（所法104①，107①，2①三十五）。

ただし，予定納税基準額が15万円未満である場合には，予定納税する必要はない（所法104①，107①）。

③ 青色申告制度

法人税法と同様に，正しい帳簿書類等を備え付け，その整理保存を通じて適法な所得税額の申告を期待する趣旨のもとで，**青色申告制度**が導入されている。

青色申告書で申告できる者は，「事業所得」，「不動産所得」および「山林所得」を得る個人であり，税務署長の承認を受けなければならない（所法144）。青色申告の承認申請期限は，青色申告しようとする年の3月15日である（所法144）。

青色申告者は，**白色申告者**（青色申告者以外の者）に比べ，税務上の恩典を享受できる。たとえば，特別償却，増加償却，青色事業専従者給与，低価法，青色申告特別控除，純損失の繰越控除等の**租税優遇措置**が認められている。

このような恩典を受けるためには，青色申告者は，損益計算書・貸借対照表を作成できる「正規の簿記」（通常，複式簿記）により記帳しなければならない（所法148①，149，所規56～59，61，64）。記帳方法として「複式簿記」の方法のほかに**簡易簿記**が認められている（所規56①，56③）。「簡易簿記」を採用した場合には，決算に当たり貸借対照表を作成する必要がない（所規65②）。

なお，小規模事業者は，「現金主義による所得計算の特例を受けることの届出書」によって青色申告できる（所法67）。**小規模事業者**とは，前々年の不動産所得と事業所得の合計金額が，青色申告者の青色事業専従者給与額や白色申告者の事業専従者控除の控除前所得で300万円以下である者であり，現金出納帳の記帳のみで青色申告者となる（所令195）。

2. 所得税の納税義務

(1) 所得税の納税義務者

所得税の納税義務者は，原則として個人である。ただし，利子・配当等の一部

の所得に対しては，法人も納税義務者となる。

個人納税義務者は，課税される所得の範囲の相違によって「居住者」と「非居住者」に区分され，さらに前者は「非永住者」と「非永住者以外の居住者」（以下，単に「居住者」という）に分けられる。

居住者とは，日本に住所または1年以上の居所がある個人であり，非永住者以外の者をいう（所法2①三）。居住者は，**国内源泉所得**（日本国内で生じる所得）と**国外源泉所得**（国外で生じる所得）のすべての所得（**全世界所得**という）について，所得税を納付する義務を負う（所法7①一）。

非永住者とは，居住者のうち，日本に永住する意思がなく，かつ，現在まで引き続き5年以上の期間，日本国内に住所または居所を有する個人である（所法2①四）。非永住者は，国内源泉所得，国外源泉所得のうち日本国内で支払われたもの・日本国内に送金されたものに納税義務を負う（所法7①二）。

非居住者とは，日本に住所または1年以上の居所がない個人をいう（所法2①五）。非居住者は，国内源泉所得についてのみ納税義務を負う（所法7①）。

法人納税義務者も，課税される所得の範囲の相違によって「内国法人」と「外国法人」に区別される。

内国法人は，国内源泉所得のうち，利子等，配当等，定期積金契約に係る給付補塡金，外貨預貯金の元本・利子に係る換算差益，芸能人の役務の提供を内容とする報酬・料金，馬主が受ける競馬の賞金などについて所得税を納付しなければならない（所法7①四，174）。

外国法人は，国内源泉所得のうち，利子等，配当等，工業所有権・著作権等の使用料または譲渡対価などについて所得税を納める義務を負う（所法7①五，161）。

(2) 所得税の納税地

所得税の納税地は，次の場合に応じた場所とする（所法15）。

(a) 国内に住所を有する場合：住所地
(b) 国内に住所を有せず，居所を有する場合：居所地
(c) 上記(b)を除き，国内に恒久的施設を有する非居住者に該当する場合：
　　日本国内において行う事業に係る事業所の所在地

日本国内に住所のほかに居所を有する場合，その住所地に代え，居所地を納税

地とすることができる（所法16①）。また，国内に住所または居所があり，その住所地または居所地以外の場所に事業所等を有する場合，その住所地または居所地に代え，事業所等の所在地を納税地とすることができる（所法16②）。

納税義務者が死亡した場合，その者の納税地は，相続人に係る所得税の納税地ではなく，その死亡当時における所得税の納税地である（所法16⑥）。

給与所得者の給与等支払者がその支払いについて**源泉徴収**を行う納税地は，その者の事務所，事業所等でその支払事務を取り扱う者のその支払日における所在地とする。ただし，公社債の利子等の源泉徴収税については，その支払いをする者の本店または主たる事務所の所在地等とする（所法17）。

第2節　所得金額・税額の計算構造

1．所得税の基本的計算構造

前述したように，所得の源泉・性質，担税力の強弱等によって，1年間に得た所得は，①利子所得，②配当所得，③不動産所得，④事業所得，⑤給与所得，⑥退職所得，⑦山林所得，⑧譲渡所得，⑨一時所得および⑩雑所得に分けられ，これらの**各種所得**ごとに一定の規則に従って所得金額が計算される。「各種所得」ごとに**所得金額**の計算は異なるが，基本的に，**総収入金額**（または**収入金額**）から**必要経費**を差し引いて所得金額が求められる。

　　　所得金額＝総収入金額（または収入金額）－必要経費

課税標準としての「所得金額」に税率を乗じる前に，納税義務者の家族構成・個人的事情，社会政策等の理由により，一定の金額を控除することができる。これを**所得控除**という。

　　　課税所得金額＝所得金額－所得控除

「所得控除」は，納税者の個人的特殊事情に基づく担税力の差異を考慮し，課税所得（最終的には税額）の計算上，納税者と扶養親族の最低生活費の保証，社

会・経済政策的理由などの特殊条件に着目して設定されている。

現行の所得税法では，①雑損控除，②医療費控除，③社会保険料控除，④小規模企業共済等掛金控除，⑤生命保険料控除，⑥損害保険料控除，⑦寄附金控除，⑧障害者控除，⑨寡婦控除・寡夫控除，⑩勤労学生控除，⑪配偶者控除，⑫配偶者特別控除，⑬扶養控除および⑭基礎控除が認められている。

上記①〜②は，突発的な資産喪失・異常な生活費の支出等による担税力の減殺を配慮し，③〜⑥は，安定的生活の保全・資本蓄積・蓄積奨励等，社会政策の立場から設けられている。⑦は，公益団体等に対する寄附を促進させる所得控除であり，⑧〜⑩は，社会的・経済的・肉体的に不利な条件にある者に対し租税負担を個人的事情により緩和する所得控除である。⑫〜⑭は，すべての納税者に対し，その家族の最低生活費を保障するという趣旨で認められている。

「所得控除」の適用には，**申告**は必要としない。適用税率の差異にも関係なく，適用される。したがって，超過累進税率のもとでは，所得控除は，所得者間の租税負担に影響を与え，**応能負担の原則**に合致する。

所得金額から所得控除を差し引いて**課税所得金額**が算定されるが，その課税所得金額に超過累進税率を乗じて**算出税額**が計算される。

算出税額＝課税所得金額×税率

算出税額が直ちに納税額となるのではなく，二重課税の排除・社会経済政策等のために，算出税額から**税額控除**を差し引くことができる。「税額控除」として，配当控除，外国税額控除，住宅借入金等特別控除，政党等寄附金特別控除等が認められている。

所得税額＝算出税額－税額控除

算出税額から税額控除を差し引けば，その年の一年間の**所得税額**は算定され，**申告納税額**となる。ただし，当該所得に対して既に**源泉徴収税**が課されている場合には，その源泉徴収税（所得税）は控除される。

もし予定納税を行っているならば，**予定納税額**を申告納税額から控除した残額を税務署に納付する。

2. 総合課税と損益通算

(1) 総合課税

納税義務者の各種所得が一種類であるならば，その所得金額が課税標準となり，所得税額が計算される。

二種類以上の所得を稼得した場合，分離課税される山林所得・退職所得以外の所得（利子所得，配当所得，不動産所得，事業所得，給与所得，譲渡所得，一時所得，雑所得）は総合課税される。ただし，土地・建物等の譲渡所得，株式等に係る譲渡所得等は分離課税される。

前述したように，源泉分離課税となる所得や源泉徴収・年末調整される所得を除き，**総合課税となる所得**および**分離課税となる所得**については，**確定申告**を行う必要がある。

(2) 損益通算

各種所得を合算・総合する際して，不動産所得，事業所得，山林所得または譲渡所得に損失（赤字）が生じた場合，一定の基準に従って他の所得（黒字）から相殺・控除し，その控除後の所得金額に基づいて課税標準を計算することができる（法69①）。このような4種類の損失を他の所得の金額から一定の順序で差し引くことを**損益通算**といい，その基本的順序は次のとおりである。

(1) 第一次通算
　(イ) 不動産所得金額または事業所得金額の損失は，他の**経常的所得**（利子所得・配当所得・給与所得・雑所得）から控除する。
　(ロ) 譲渡所得金額の損失は，他の**臨時的所得**（一時所得）から控除する。

(2) 第二次通算
　(イ)経常的所得グループまたは(ロ)臨時的所得グループに赤字がある場合、(ロ)または(イ)の黒字と損益通算し，総所得金額を算定する。

(3) 第三次通算
　第二次通算によってもなお赤字を控除できない場合には，山林所得金額，退職所得金額から順次控除する。

(3) 純損失・雑損失の繰越控除

損益通算の結果，なお損失金額が残っているとき（これを**純損失**という），または雑損控除（所得控除の一つ）で控除しきれなかった金額があるとき（これを**雑損失**という）は，一定の要件を満たす場合に限り，その金額を翌年度以降3年間にわたって繰り越し，所得金額から控除することができる。これを**純損失の繰越控除**または**雑損失の繰越控除**という（所法70，71）。

3. 所得税額の計算

損益通算適用後の課税標準は，「総所得金額」，「短期譲渡所得の金額」，「長期譲渡所得の金額」，「山林所得金額」，「退職所得金額」および「株式等に係る譲渡所得等の金額」等に区分される。

「課税総所得」，「課税山林所得」および「課税退職所得金額」には，一般の**超過累進税率**が適用されるが，分離課税される「課税短期譲渡所得」，「課税長期譲渡所得」および「課税株式等譲渡所得」に対しては，それぞれの**特別税率**が適用されている。

第3節 各種所得の範囲および計算

1. 利子所得

(1) 利子所得の範囲

利子所得とは，(a)公社債の利子，(b)預貯金の利子，(c)合同運用信託の収益の分配，(d)公社債投資信託の収益の分配および(e)公募公社債等運用投資信託の収益の分配による所得である（所法23①）。また，勤労者財産形成貯蓄保険契約等に基づき支払いを受ける差益も，「利子所得」とみなされる（措法4の4）。

所得税法は利子所得の範囲を限定しているので，日常的には「利子」と呼ばれているものであっても，これに該当しない限り，「利子所得」とはならない。

たとえば，貸金業者の貸付金の利子，貸金業以外の事業遂行に関連して貸し付けた貸付金の利子は「事業所得」に該当する。また，非営業貸付金の利子，割引債の償還差益，学校債・組合債の利子等は「雑所得」に該当する。

なお，社会・経済政策上，当座預金の利子（年1％以下の利率に限る）(所法9①一，所令18)，小学校・中学校等の児童・生徒の預貯金の利子等(所法9①二)，勤労者財産形成住宅貯蓄の利子（措法4の2）等は**非課税所得**として取り扱われる。

(2) 利子所得金額の計算

利子所得の金額は，その年中の利子等の収入金額である(所法23②)。

利子所得の金額＝収入金額

利子所得の収入金額とは，その年中に収入すべき利子等の金額（金銭以外の物または権利その他経済的利益をもって収入する場合には，その金銭以外の物または権利その他の経済的な利益の価額）をいう(所法36①，②)。

「利子所得の収入金額」の収入すべき時期は，原則として，当該利息の支払期日である(所基通36-2)。ただし，(i)無記名の公社債の利子，(ii)無記名の貸付信託および公社債投資信託の受益証券に係る収益の分配については，例外として，実際に支払いを受けた日とされる(所法36③)。

利子所得に対しては，当該利子等の金額の15.315％の税率により所得税が源泉徴収される(所法181，182)。なお，所得税の源泉徴収のほかに，5％の税率により地方税（**利子割**という）が特別徴収される(地法71の6，71の9)。

利子所得には，他の所得と区分して税率が適用されるので，所得税が源泉分離課税されることにより，所得税の課税関係が終了する(措法3，3の3)。

2. 配 当 所 得

(1) 配当所得の範囲

配当所得とは，法人（公益法人および人格のない社団等を除く）から受ける(a)利益の配当，(b)剰余金の分配，(c)基金利息（保険業法に規定するもの），(d)投資信託（公社債投資信託および公募公社債等運用投資信託を除く）の収益の分配お

よび(e)特定目的信託の収益の分配に係る所得をいう（所法24①）。

(2) 配当所得金額の計算

配当所得の収入金額は，その年中に収入すべき配当等の金額である。ただし，株式その他配当所得を生ずべき元本を取得するために要した負債の利子がある場合には，収入金額から負債の利子（当該負債により取得した元本を有していた期間に対応する金額）を控除した金額とする（所法24②，所令58①）。

　　配当所得の金額＝収入金額－元本取得のために要した負債の利子

株式の利益の配当，投資信託または特定目的信託の受益証券に係る収益の分配に係る収入金額の計上時期は，その支払いを受けた日である（所法36③）。

上場株式等の配当所得については，総合課税・分離課税のいずれかを選択適用することができる。申告分離課税を選択した場合には，15.315％の税率により所得税が源泉徴収される。ただし，配当控除の適用はない（措法8の4）。

源泉分離課税を強制される私募公社債等運用投資信託・社債的特定目的信託の配当等については，その支払いの際に15.315％の税率で源泉徴収されることにより，課税関係が終了する（措法8の2）。

(3) 非課税口座内の少額上場株式等に係る配当所得等の非課税措置

家計の安定的な資産形成支援と成長資金の供給拡大の両立を目的として，**少額投資非課税制度**（NISA：ニーサ）が平成26年1月1日に創設された。

平成26年1月1日から平成35年12月31日までの10年間に行う年間100万円（平成28年1月1日以降には，120万円）までの上場株式等への投資から生じる配当所得・譲渡所得等について，投資した年から最長で5年間，所得税・住民税を非課税とする租税優遇措置である。

非課税口座である**NISA**（ニーサ）を開設できる個人は，NISA開設年の1月1日現在で20歳以上である居住者等である。また，平成28年以降には，20歳未満の居住者等は**ジュニアNISA**（80万円までの投資）を開設することができる。

3. 事業所得

(1) 事業所得の範囲

事業所得とは, (a)農業, (b)林業および狩猟業, (c)漁業および水産養殖業, (d)鉱業（土石採取業を含む), (e)建設業, (f)製造業, (g)卸売業および小売業（飲食店業・料理店業を含む), (h)金融業および保険業, (j)不動産業, (j)運輸通信業（倉庫業を含む), (k)医療保険業, 著述業その他のサービス業, (l)上記のほか, 対価を得て継続的に行う事業（不動産・船舶・航空機の貸付業を除く）から生ずる所得（山林所得または譲渡所得を除く）をいう（所法27①, 所令63)。

これらの事業から生ずる所得は, 大きく「営業所得」,「農業所得」,「その他の事業所得」に分類され, **確定申告書**では該当する業種を**種目の欄**に記入する。

営業所得とは, 小売業, 卸売業, 製造業, 修理業, サービス業, 旅館業, クリーニング業, 理髪業, 美容業, 浴場業, 建設業, 金融業, 不動産業, 道路運送業等の**収益事業**から生ずる所得をいう。

農業所得とは, ①米, 麦その他の穀物, 馬鈴薯, 甘藷, たばこ, 野菜, 花, 種苗その他の補場作物, 果樹, 樹園の生産または温室その他特殊施設を用いてする園芸作物の栽培を行う事業, ②繭または蚕種の生産を行う事業, ③前記①または②の物の栽培または生産を行う者が兼営する藁工芸その他これに類する物の生産, 家畜, 毛皮獣または蜂の育成, 肥育, 採卵または蜜の採取あるいは酪農品の生産を行う事業から生ずる所得をいう（所令12)。

その他の事業所得とは, 自由職業（医師, 歯科医師, 弁護士, 税理士, 公認会計士, 建築士, 作家, 作曲家, 画家, 映画・演劇・テレビの監督・俳優, 音楽家, 落語・漫才その他の芸術家, 職業野球の選手, 外交員, 茶道・生け花の師匠等), 畜産業・漁業などで営業・農業以外の事業から生ずる所得をいう。

なお,「自由職業」に関しては, 給与所得と事業所得を判別することが難しいケースもある。たとえば, 医師, 弁護士, 税理士が会社等から受ける顧問料・手当等は, 支払いを受ける時期・金額が予め一定している「固定給」である等,「給与所得」であることが明らかであるものを除き, **事業所得**とされる。また, 職業野球の選手, 力士, 舞台俳優, 映画俳優等の所得についても,「固定給」である等,「給与所得」であることが明らかであるものを除き, **事業所得**とされる。

さらに，不動産所得，譲渡所得または雑所得および事業所得との間の所得区分については，次のような取扱いが行われる（所基通27-1～4）。

(イ) 貸衣装業における衣装類の譲渡，パチンコ店におけるパチンコ器の譲渡等のように，事業の用に供される固定資産を反復継続して譲渡することが事業の性質上通常であるときは，当該資産の譲渡による所得は，「譲渡所得」ではなく，「事業所得」に該当する。

(ロ) 有料駐車場・有料自転車置場等，自己責任で他人の物を保管するために土地を提供する場合の所得は，「不動産所得」ではなく，「事業所得」または「雑所得」に該当する。

(ハ) 観光地，景勝地，海水浴場等におけるバンガロー等，簡易な建物を貸し付けた場合の所得は，「不動産所得」ではなく，「事業所得」または「雑所得」に該当する。

(ニ) 金融業（営業に属す）を営む者が担保権の実行または代物弁済等により取得した土地・建物等を譲渡または一時的に貸し付けた場合の所得は，「譲渡所得」または「不動産所得」ではなく，「事業所得」に該当する。

なお，一部の事業所得（報酬，料金，契約金）については，その支払者が支払いの際に所得税を源泉徴収し，翌月10日までに国に納付することになっている。たとえば，原稿・作曲・デザインの報酬，放送謝金，著作権・工業所有権の使用料，講演料，技芸・スポーツ等の教授・指導料，弁護士・公認会計士・税理士・建築士・不動産鑑定士・火災損害鑑定人等が受ける業務に関する報酬または料金に対しては，10.21％の所得税が源泉徴収される。ただし，同一人に対し1回に支払われる金額が100万円を超える部分の金額は20.42％の税率により源泉徴収される（所法204，措法41の20等）。

(2) 事業所得金額の計算

① 総収入金額の範囲と計算

1) 総収入金額の範囲

事業所得の金額は，総収入金額から必要経費を差し引いて計算される（所法27②）。

事業所得の金額＝総収入金額－必要経費

　事業所得の総収入金額に算入すべき金額は，「別段の定め」があるものを除き，その年において収入すべき金額（金銭以外の物または権利その他の経済的な利益をもって収入する場合には，その金銭以外の物または権利その他の経済的な利益の価額）をいう（所法36①）。

　ここに**収入すべき金額**とは，法的に債権（収入できる権利）として確定した金額であり，収入する権利の確定という事実をもって総収入金額が計上される。この計上基準は**権利確定主義**と呼ばれている。したがって，「金銭請求権の確定」が成立しているならば，未収入であっても総収入金額に算入すべきである。

　また，空箱・作業屑の売却による雑収入，仕入割引，リベートなども，総収入金額に算入される（ただし，売上値引・返品は，原則として，総収入金額から直接的に控除される）。

　金銭以外の物・経済的利益などによる**収入すべき金額**としては，たとえば，次のような事項が挙げられる。

(a) 売上代金を物品で受け取ったり，リベートを商品で受け取った場合には，その受け取ったときの価額で総収入金額に算入する。

(b) 買掛金・未払金などの支払いを免除してもらったり，他人に肩代わりしてもらった場合には，その免除・肩代わりの金額を総収入金額に算入する。

(c) 建築業者が従業員を使って自宅を新増築した場合，材料費を総収入金額に算入する。

(d) 事業に関連して物品を時価よりも低い価額で譲り受けた場合，その時価との差額を総収入金額に算入する。

　法人税法と同様に，特約店などの販売業者等が製造業者等から製品の広告宣伝のための資産を無償または低廉な価額で譲り受けた場合には，広告宣伝用の看板，ネオンサイン，どん帳のようにもっぱら広告宣伝用に使用される資産は，経済的利益はないものとして，課税されない。

　災害・盗難・横領等で損害を受けた商品等について受け取る火災保険金・損害賠償金，公共事業等の施行に伴う休業の補償として受け取る収益補償金等も，事業による「収入すべき金額」として「総収入金額」に含められる。

商品・製品の棚卸資産を自家消費したり，親族・知人に無償または低廉な価額で販売した場合には，通常の販売価額が「総収入金額」に含められる。特例として，仕入価額（または制作価額）と通常の販売価額の70％のいずれか多い方の金額を「総収入金額」として算入する（所法39，所基通39-1，39-2）。

　建物・機械・備品等の事業用資産を売却した場合，その売却代金は「譲渡所得」の総収入金額となるが，当該資産の使用可能期間が1年未満であるもの，または取得価額が10万円未満であり，業務の性質上基本的に重要でないものの売却代金は，「事業所得」の総収入金額となる（所令81）。

　なお，事業の遂行によって付随的に生じる次のような収入は，事業所得の「総収入金額」に含められる（所基通27-5）。

① 事業の遂行上取引先または使用人に対して貸し付けた貸付金の利子
② 事業用資産の購入に伴って景品として受ける金品
③ 新聞販売店における折込広告収入または浴場業・飲食業等における広告収入
④ 医師・歯科医師が休日祭日または夜間の診療等に伴って地方公共団体等から支払いを受ける委託料等（給与等に該当するものを除く）
⑤ 事業用資産の固定資産税を納期前に納付することにより交付を受ける報奨金

2）総収入金額の計算

事業所得の総収入金額は，「権利確定主義」に基づいて算入される。所得税法上，「権利の確定」に関する明文規定はないが，「売買契約の効力の発生日」以降に，「資産の所有権の移転」（あるいは「役務の提供の完了」）それに伴う「代金請求権の確定」が生じた「引渡し」（あるいは「役務完了」）の時点に「権利の確定」が成立したとみなされる。

　ただし，「委託販売」，「長期割賦販売等」，「長期大規模工事」については，法人税法と同様に，「引渡基準」のほかに，特例としてそれぞれ「仕切精算書到来日基準」，「延払基準」が認められている。

② 必要経費の範囲と計算

1）必要経費の範囲

事業所得の必要経費は，「別段の定め」があるものを除き，(イ)総収入金額に関連

する「売上原価」，その他総収入金額を得るために直接に要した費用の額および(ロ)販売費，一般管理費その他業務について生じた費用（償却費以外でその年において債務の確定してないものを除く）である（所法37①）。

「必要経費」は，実際に支払った金額ではなく，支払うべき債務の確定した金額による。必要経費の算入には個人の判断が介入するため，**法的安定性**の観点から，外部取引に関しては「債務確定」の要件を満たす費用を「必要経費」とする。このことを**債務確定主義**という。

ただし，下記のような費用は，総収入金額を得るために必要な費用ではないので，「必要経費」の範囲には含めない（所法45①，56，57，所令96，97①）。

(a) 家事上の経費（たとえば，衣食住費，養育費）
(b) 家事関連費のうち，家事分の経費（たとえば，店舗兼住宅の水道光熱費，火災保険料，租税公課などのうち住宅部分に係る費用）
(c) 所得税，所得税以外の国税に係る延滞税・過少申告加算税・無申告加算税・不納付加算税・重加算税および印紙税法の規定による過怠税
(d) 道府県民税・市町村税および地方税の延滞金・過少申告加算金・不申告加算金・重加算金
(e) 罰金，科料および過料
(f) 損害賠償金（業務遂行に関連し，故意・重大な過失によらないものを除く）
(g) 「国民生活安定緊急措置法」および「私的独占の禁止及び公正取引の確保に関する法律」の規定による課徴金・延滞金
(h) 生計を一にする配偶者その他の親族に支払う給料・賃金（ただし，青色事業専従者に支払う給料・賃金または事業専従者控除を除く），家賃，利子

2）必要経費の計算

Ⅰ．売上原価

販売した商品の**売上原価**は，「暦年課税方式」に基づいて次の算式を用いて計算され，「必要経費」として処理される。

売上原価＝年初の商品棚卸高＋その年の商品仕入高－年末の商品棚卸高

商品の棚卸高は，その年の12月31日の数量を実地に調査し，「一定の評価方法」により評価した金額で計算される（所法47①）。年末の多忙により棚卸できな

い場合には，実際に棚卸を行った日の棚卸高を基礎にして，その棚卸日と12月31日との間の仕入高・売上高を調整して，年末の棚卸高を計算する。

一定の評価方法として，「個別法」，「先入先出法」，「総平均法」，「移動平均法」，「最終仕入原価法」，「売価還元法」が認められている（所令99①）。これらは**原価法**と総称されるが，どの原価法を選定するかは予め所轄税務署長に届け出る必要がある。なお，評価方法を届け出ていない場合，**法定評価法**として「最終仕入原価法」を採用しなければならない（所令102）。

青色申告者に限っては，原価法のほかに**低価法**を選定することができる。商品の時価（正味売却価格）が原価より低くなった場合，**商品評価損**として必要経費に含めることができる（所令99①，②）。

Ⅱ．販売費・一般管理費等

販売費・一般管理費等として，荷造運賃，広告宣伝費，交際費，旅費交通費，福利厚生費，研修費，水道光熱費，保険料，租税公課，不動産賃貸料，通信費，寄付金，雇人費（給料・賃金・賞与），減価償却費，修繕費，繰延資産の償却費，資産損失，貸倒損失，貸倒引当金繰入額，消耗品費，利子・割引料，損害賠償金等を**必要経費**として算入することができる。

なお，**青色申告者**に限っては，通常の使用時間を超えて使用される機械・装置の**増加償却**が認められている（所令133）。さらに，法人税法と同様に，青色申告の特典として**特別償却**が認められ，「サービス付き高齢者向け優良賃貸住宅」の割増償却は白色申告者に対しても適用できる（措法14）。

Ⅲ．所得税法独自の必要経費

所得税法独自の必要経費として，**家族従業員の給料**が規定されている。配偶者，生計を一にする15歳以上の親族が，その年を通して6カ月を超える期間にわたり当該事業に従事している場合，これら家族従業員に支払う給料は「青色事業専従者給与」または「事業専従者控除」として必要経費となる。

ここに**生計を一にする**とは，日常生活の資を共にすることをいう。勤務の都合上，妻子と別居し，またはその親族が修学・療養などのために別居している場合でも，常に生活費，学資金または療養費などを送金している場合には，「生計を一にする」ものとして扱われる（所基通2-47）。

青色申告者がその家族従業員（**青色事業専従者**という）に支払った給料は，その金額を必要経費とすることができる（所法57①）。ただし，その給料の額は，(イ)

青色事業専従者の労務に従事した期間，労務の性質およびその提供の程度，(ロ)他の使用人の給与の状況，同種・同規模の事業に従事する者の給与の状況，(ハ)その事業の種類・規模，収益の状況に照らして，その労務の対価として相当であると認められるものでなければならない（所令164①）。

青色申告者が**青色事業専従者給与**を必要経費として申告できるためには，その年の3月15日までに，青色事業専従者の氏名・職務内容・給与額・給与支給期等を記載した届出書を税務署長に提出しなければならない（所法57②，所規36の4①）。なお，青色事業専従者給与を必要経費に算入した場合には，配偶者控除または扶養控除の所得控除は適用されない（所法2①三十三，三十四）。

白色申告者がその家族従業員（**事業専従者**という）に支払った給料については，次の(a)と(b)のうち低い金額が**事業専従者控除**として必要経費とみなされる（所法57③，所令166）。

(a) 配偶者の場合には86万円，配偶者以外の場合には50万

(b) $\dfrac{\text{事業専従者控除前の事業所得・不動産所得・山林所得の合計額}}{\text{事業専従者}+1}$

Ⅳ．青色申告特別控除

青色申告者は，事業所得，不動産所得または山林所得から10万円を控除することができる。なお，「正規の簿記の原則」に基づいて記帳し，事業所得または不動産所得を生ずべき事業を営む青色申告者は，事業所得または不動産所得から65万円を控除することができる。ただし，控除額はこれらの所得の合計額を限度とする（措法25の2）。これを**青色申告特別控除**という。

4．不動産所得

(1) 不動産所得の範囲

不動産所得とは，不動産，不動産の上に存する権利，船舶または航空機の貸付け（地上権または永小作権の設定，他人に不動産等を使用させることを含む）による所得（事業所得・譲渡所得を除く）をいう（所法26①）。

不動産とは，民法第86条によれば，土地または建物，構築物その他土地に定着

する有体物をいう。したがって，広告用のネオンサイン・広告板・広告塔などを設定するために，土地，建物の屋上・側面等を利用させて受け取る使用料は「不動産所得」となる（所基通26-5）。

また，自動車・自転車等の保管場所として建物・空地を一定期間貸し付けて受け取る使用料も，原則として，「不動産所得」である。ただし，自己の責任で他人の自動車等を保管する場合の所得は，不動産所得ではなく，「事業所得」または「雑所得」である（所基通27-2）。

アパート・下宿を経営している場合に，貸室とともに食事を提供すれば「事業所得」または「雑所得」となる（所基通26-4）。ただし，不動産の貸付けが，貸付資産の規模・管理状況等から斟酌して，下記のような場合には，「事業所得」となる（所基通26-8～9）。

(a) 事業所得を得る者が，使用人に寄宿舎等を利用させて受け取る使用料
(b) アパート経営では，貸与できる独立室数がおおむね10室以上であること
(c) 貸家では，貸付けできる独立家屋がおおむね5棟以上であること

前述したように，観光地等におけるバンガロー等，簡易施設の貸付けによる使用料は，「不動産所得」ではなく，「事業所得」または「雑所得」である（所基通27-3）。

(2) 不動産所得金額の計算

不動産所得の金額は，不動産所得に係る総収入金額から必要経費を控除した金額とする（所法26②）。

不動産所得の金額 = 総収入金額 − 必要経費

不動産所得の総収入金額の計上時期は，原則として，賃貸借の契約または慣習によって支払期日が定められているものには「支払期日」，支払期日が定められていないものには支払いを受けた日（入金日）である（所基通36-5）。

不動産の貸付け等により一時に受け取る権利金，頭金，更新料，名義書替料等の計上時期は，原則として，契約によって当該不動産の引渡しを要するものには「引渡日」，引渡しを要しないものには「契約の効力発生の日」である。ただし，引渡しを要するものであっても，申告を条件として「契約の効力発生の日」によることもできる（所基通36-6）。

総収入金額から控除される「必要経費」は，基本的には，事業所得に係る必要

経費と同じものである。**不動産所得の必要経費**として、たとえば、賃貸した土地・建物等の固定資産税、減価償却費、修繕費、管理費、火災保険料、支払利息、貸倒引当金繰入額、専従者給与等が認められる。「必要経費」は、原則として、**債務確定主義**により計上する。

5. 給与所得

(1) 給与所得の範囲

給与所得とは、俸給、給料、賃金、歳費、賞与およびこれらの性質を有する給与（以下、給与等という）などの受取りにより得た所得をいう（所法28①）。この場合、給与等を金銭で受領しないで、商品等の現物で支給されても「給与所得」となる。また、金銭給与・現物給与のほかに、法人等から与えられる**経済的利益**がある場合、その内容に応じては給与等とみなされ、**みなし給与**として課税対象となる。たとえば、下記の事項は「経済的利益」の範囲に該当する。

(a) 有価証券（商品券を含む）の支給は、金額の多少にかかわらず、支給時の時価により評価され、課税対象となる（所基通36-36）。

(b) 使用者が使用人に貸与した住宅等に、通常の50％未満の賃貸料しか徴収していなければ、「経済的利益」はあるとみなされる（所基通36-47）。

(c) 法人が役員に無償・低額の賃貸料で住宅等（小住宅等を除く）を貸与する場合、住宅等の通常の賃貸料と法人が実際に徴収している賃貸料との差額は、役員に対する「給与等」となる（所基通36-40, 36-44）。

また、使用者が使用人等に自己商品・製品等を値引販売することにより供与する「経済的利益」で、次の要件のいずれにも該当しない**値引販売**により供与するものは**みなし給与**として課税される（所基通36-23）。

(イ) 値引販売価格が、使用者の取得価額以上であり、かつ、通常他に販売する価格に比べて著しく低い価額（通常の売価のおおむね70％未満）でない。

(ロ) 値引率が、すべての使用人等について一律に、使用人等の地位、勤続年数等に応じて全体的に合理的なバランスが保たれる範囲内の格差を設けている。

(ハ) 値引販売する商品等の数量は、一般の消費者が自己の家事のために通常消

費すると認められる程度のものである。

　反対に，①給与所得者が勤務に必要な旅行をする際に支給を受ける旅費（所法9①四），②使用者が残業・宿直・日直を行った者（通常の勤務時間以外の勤務として勤務を行った者に限る）に支給する食事（所基通36-24），③使用者が寄宿舎の電気・ガス・水道等の料金を負担することにより，使用人等が受ける「経済的利益」（寄宿舎での居住に通常必要な範囲内のものであり，かつ，各人別使用金額が明らかでない場合）（所基通36-26），④使用人が使用者から受ける結婚祝金品等（金額が使用人の地位などに照らして社会通念上相当と認められるもの）（所基通28-5）等は，**非課税所得**として課税対象とならない。

(2) 給与所得金額の計算

① 源泉徴収と年末調整

　給与所得については，給与の支払いのつど「給与所得の源泉徴収税額表」に基づいて「所得税」が**給与の収入金額**から源泉徴収されている（所法183①）。

　給与所得者は，**源泉徴収**によって所得税を納付したことになる（通法15, 16）。ただし，この納付は予定計算に基づくものであり，扶養親族の異動・被災等による所得控除の変化により所得税の調整計算が必要となる。その調整計算はその年の最終の給与支払時に行われるので，**年末調整**と呼ばれている（所法190～193）。

　この年末調整によって，調整額（還付額または不足額）は年末調整時における給与を増加・減少する形で解消される（所法191, 192）。その結果，給与所得者の納税関係は完了する。

　給与所得については「源泉徴収」と「年末調整」により課税関係は完結するが，下記のような給与所得者は確定申告しなければならない（所法190, 121）。

(イ) 給与の収入金額が2,000万円を超える。

(ロ) 給与を1か所から受け，給与所得・退職所得以外の各種の所得金額の合計額が20万円を超える。

(ハ) 給与を2か所以上から受け，年末調整されなかった給与の収入金額と給与所得・退職所得以外の各種の所得金額との合計額が20万円を超える（ただし，給与所得の収入金額の合計額から雑損控除・医療費控除・寄付金控除・

基礎控除を除く所得金額の合計額を差し引かれた残額が150万円以下であり，しかも，給与所得・退職所得以外の各種の所得金額の合計額が20万円以下である場合には，申告する必要はない）。
　㈡　同族会社の役員，その親族等であり，その同族会社から給与のほかに，貸付金の利子，店舗等の賃貸料，機械等の使用料などの支払いを受けている。
　㈥　在日の外国公館に勤務し，給与の支払時に所得税を源泉徴収されていない。

　②　給与所得金額の計算
　確定申告を行う場合，**給与所得の金額**は，給与等の「収入金額」（税込み）から「給与所得控除額」を差し引いて算出する（所法28②・③）。

　　　給与所得の金額＝収入金額－給与所得控除額

　給与所得控除額は，事業所得等における「必要経費」に相当するものであり，担税力等を加味して，図表3-2のように，収入金額に対して一定金額が認められる。

図表 3-2　給与所得控除額

収　入　金　額	給　与　所　得　控　除　額
1,625,000 円以下	650,000 円
1,625,000 円超　1,800,000 円以下	収入金額×40％
1,800,000 円超　3,600,000 円以下	収入金額×30％＋　180,000 円
3,600,000 円超　6,600,000 円以下	収入金額×20％＋　540,000 円
6,600,000 円超　10,000,000 円以下	収入金額×10％＋1,200,000 円
10,000,000 円超　12,000,000 円以下	収入金額×　5％＋1,700,000 円
12,000,000 円超	2,450,000 円

注：収入金額660万円未満の場合には，別表第5により給与所得控除額控除後の所得金額を求める（法28④）。なお，平成29年分より，収入金額1,200万円は1,000万円に引き下げられる。

　なお，「特定支出の額」が「給与所得控除額」を超える場合には，申告することによって，その超える金額を控除することができる（所法57の2①）。
　特定支出とは，次に掲げる支出であり，給与等の支払者から補填される（すなわち所得税が課されない）部分は除かれる。
　㈤　通勤費（最も経済的・合理的であると支払者に証明された通常必要な支出）

(ロ)　転居費（転任に伴う転居であり，支払者に証明された通常必要な支出）
(ハ)　研究費（職務遂行上，直接必要な技術・知識を修得するための研修（資格取得）を除く）であり，支払者に証明された研修のための支出）
(ニ)　資格取得費（弁護士・公認会計士・税理士など，その資格で独立できるものを除く資格の取得のための支出で，職務遂行上，直接必要な支出であり，支払者に証明されたもの）
(ホ)　帰宅旅費（転任に伴い，配偶者・子と別居することとなったために，配偶者等の居住する場所との間の往復旅費であり，支払者により証明されたもの）
(ヘ)　職務遂行上，①直接必要な書籍・制服等の購入費，②支払者の得意先等に対する接待・供応・贈答等のための支出（65万円を限度とする。）

「特定支出控除」の適用を受けるには，確定申告が必要であり，給与等支払者から受領した「給与所得の源泉徴収票」の原本とともに，特定支出に関する明細書・給与等支払者の証明書等を添付しなければならない（所法57の2③）。

6. 退職所得

(1)　退職所得の範囲

退職所得とは，退職手当，一時恩給その他退職により一時に受ける給与およびこれらの性質を有する給与（「退職手当等」という）に係る所得をいう（所法30①）。

社会保険制度に基づく一時金などは，勤務先から受け取るものではないが，過去の勤務に基因して一時的に支給される点では，退職一時金と同質であり，「退職所得」に含まれる（法31一）。使用人から役員になった者に対して，その使用人であった勤続期間について退職手当等として支給される一時金も，「退職所得」として取り扱われる（所基通30-2）。

死亡による退職を原因として受ける退職手当は，相続により取得したとみなされるので，**非課税所得**として所得税は課されない（所法9①十六）。

(2)　退職所得金額の計算

退職所得については，「退職所得の受給に関する申告書」を提出している場合，

「退職所得控除額」を控除した残額の2分の1に相当する金額(千円未満端数切捨て)に一般の超過累進税率を適用した所得税が、源泉徴収される(所法30②、201①)。したがって、確定申告を行う必要はない。

しかも、長年の勤続の対価として受け取る退職所得に対しては、軽い租税負担で済むように他の所得と分離して課税され、**分離課税**によって退職所得に関する納税は完了する。

退職所得の金額＝(収入金額－退職所得控除額)÷2

なお、役員等(法人税法上の役員、国会議員、地方公共団体の議会の議員、国家公務員、地方公務員)として勤続年数が5年以下である者が受け取る「特定役員退職手当等」は、下記算式により計算される。

退職所得の金額＝収入金額－退職所得控除額

収入金額から差し引かれる**退職所得控除額**は、次のように勤続年数(1年未満端数切上げ)に応じて異なる(所法30③、⑤二)。

① 勤続年数が20年以下である場合：40万円×勤続年数(最小額には80万円)
② 勤続年数が20年を超える場合：800万円＋70万円×(勤続年数－20年)

障害者になったことに直接基因して退職した場合には、さらに100万円を加算した金額が「退職所得控除額」となる(所法30⑤三)。

なお、「退職所得の受給に関する申告書」を提出しなかった場合には、退職手当等の支給額の20％の税率で源泉徴収される(所法201③)。正規の方法で計算した税額より源泉徴収税額が少ない場合には、確定申告しなければならない(所法121②)。反対に、源泉徴収された税額が納め過ぎになっている場合には、還付申告を行うことができる(所法122①)。

7. 山林所得

(1) 山林所得の範囲

山林所得とは、山林の伐採または譲渡による所得である(所法32①)。つまり、

山林を伐採して譲渡したことにより生ずる所得，山林を伐採しないで立木のまま譲渡したことにより生ずる所得をいう。

ただし，山林をその取得の日以後5年間以内に伐採または譲渡したことによる所得は，「山林所得」に含まれない（所法32②）。山林の売買を営業とする者にとっては「事業所得」，その他の者にとっては「雑所得」となる。

なお，5年を超える期間所有していた山林を伐採・譲渡したり，立木のまま譲渡した場合であっても，次の場合には**非課税所得**として課税されない。

(a) 山林を国や地方公共団体に寄附した場合，公益法人に寄附し国税庁長官の承認を受けた場合（措法40）
(b) 山林を相続税の物納に充てた場合（措法40の3）
(c) 資力を失い，債務を弁済することが著しく困難である場合に，滞納処分や強制執行，競売，破産手続などにより山林を譲渡した場合（所法9①十）

(2) 山林所得金額の計算

山林所得の金額は，山林所得に係る総収入金額から必要経費を控除し，その残額から山林所得の「特別控除額」（50万円。ただし，残額が50万円に満たない場合には，その残額）を差し引いた金額である（所法32③・④）。

$$山林所得の金額＝総収入金額－必要経費－特別控除額$$

原則として，**山林所得の総収入金額**を計上する時期は，山林所得の基因となる資産の引渡日である（所基通36-12）。その年に山林を引き渡しているならば，未収入金も山林所得に算入しなければならない。また，山林の譲渡に関する「契約の効力発生日」に総収入金額に算入して申告を行ってもよい（所基通36-12）。

山林所得の必要経費は，山林の植林費，取得費，管理費，伐採費その他山林の育成または譲渡に要した費用の合計額である（所法37②，所基通37-32）。償却費以外の費用で，その年に債務の確定しないものは必要経費とはされない。

なお，伐採または譲渡した年の15年前の12月31日以前から引き続き所有していた山林の必要経費は，下記算式によることもできる（措法30①）。

$$必要経費＝\{(総収入金額－(伐採費＋譲渡経費))\}×概算経費率(50\%)\\＋(伐採費＋譲渡経費)$$

8. 譲渡所得

(1) 譲渡所得の範囲

譲渡所得とは，資産の譲渡による所得をいう（所法33①）。譲渡所得の基因となる「資産」には，土地（地上権，賃借権を含む），建物，構築物等の有形固定資産，特許権・実用新案権等の工業所有権，育成者権，著作権，採掘権の無形固定資産が該当する（所法33②，所令81，所基通33-1）。

譲渡には，一般の売却のほかに，交換，競売，公売，収用，代物弁済，現物出資等による譲渡が含まれる。地上権または賃借権の設定その他契約により他人に土地を長期間使用させる行為で，一定の要件を満たすものも「資産の譲渡」とみなされる（所法33①，所基通33-1の4，33-1の5）。

有価証券の譲渡による所得，ゴルフ会員権の権利の譲渡による所得等も，「譲渡所得」の範囲に入る（措法37の10③，措令25の8⑥，所基通33-6の2，33-6の3）。ただし，有価証券を一定金額・数量を譲渡した場合には，「事業所得」または「雑所得」として課税される（所法33②，所令94②）。

なお，所得の発生原因からみて課税所得に含めることは適正でないものとして，下記の所得は**非課税所得**とみなされる。

(a) 自己または配偶者その他の親族が生活の用に供する家具・什器，衣服等の**生活用動産**（ただし，1個または1組の価額が30万円を超える貴金属，書画・骨董品，美術工芸品等の贅沢品を除く）の譲渡による所得（所法9①九）

(b) 資力を喪失して債務の弁済が著しく困難である場合の強制換価手続（滞納処分，強制執行，担保権の実行としての競売，破産手続き等）による資産の譲渡による所得（所法9①十）

(c) 国・地方公共団体に財産を贈与・遺贈したことによる所得（措法40①）

(d) 国税庁長官の承認によって公益法人に財産を贈与・遺贈したことによる所得（措法40①）

(e) 国等に重要文化財等を譲渡したことによる所得（措法40の2①）

(f) 相続税を物納したことによる所得（措法40の3）

(2) 譲渡所得金額の計算

① 総収入金額と譲渡益の計算

譲渡所得の金額は，総収入金額から取得費と譲渡費を控除して**譲渡益**を求め，それから「特別控除額」を差し引いて求める（所法33③）。

　　譲渡所得の金額＝譲渡益（＝総収入金額－取得費－譲渡費）－特別控除額

譲渡所得の総収入金額は，原則として，「資産の引渡日」に算入される。ただし，「譲渡契約の効力発生日」で申告している場合には，その譲渡契約の効力発生日によることもできる（所基通36-12）。

譲渡所得の計算上，譲渡資産の「取得費」は，その資産の取得に要した金額（減価償却資産の場合には，減価償却累計額を控除した金額）および設備費と改良費を加算した合計額である（所法38①・②）。

② 総合課税による譲渡所得

土地建物等の譲渡所得は，宅地の供給促進，投機用土地の取得抑制等を理由にして，他の所得と総合せずに分離課税される。したがって，**総合課税される譲渡所得**は，土地建物等以外の資産，たとえば車両，機械，備品等の資産を譲渡して得た所得である。譲渡所得は，その担税力の強弱，不用不急の買換需要の抑制等のために「短期譲渡所得」と「長期譲渡所得」に分けられる。

短期譲渡所得は資産取得日から5年以内に譲渡して得た所得，**長期譲渡所得**は資産取得日から5年を超えて譲渡して得た所得をいう（所法33③）。

総合課税される場合の特別控除額は，短期・長期譲渡所得の全体に対して50万円（譲渡益が50万円未満である場合，譲渡益の全額）である（所法33④）。特別控除額は，まず短期譲渡所得から控除し，その残額を長期譲渡所得から控除する（所法33⑤）。

なお，長期譲渡所得の課税対象なる金額は，長期譲渡所得金額の2分の1相当額である（所法22②）。

③ 分離課税による譲渡所得

分離課税される譲渡所得も，「短期譲渡所得」と「長期譲渡所得」に区分される

（措法31①，32①）。

　分離課税の場合における**短期譲渡所得**とは，譲渡した年に属する1月1日現在で所有期間が5年以内である土地建物等を譲渡して得た譲渡所得であり，それ以外のものを**長期譲渡所得**という（措法31②，32②，措令20①，21①）。

　さらに，分離課税の場合における特別控除額（および特別税率）は，所有目的・譲渡理由の相違によってそれぞれ異なる。

(a)　一般の譲渡による短期譲渡所得と長期譲渡所得：零（措法31①，32②）
(b)　収用交換等のための土地等の譲渡：5,000万円（措法33の4①一，二）
(c)　特定土地区画整理事業等のための土地等の譲渡：2,000万円（措法34①）
(d)　特定住宅地造成事業等のための土地等の譲渡：1,500万円（措法34の2）
(e)　農地保有の合理化等のための農地等の譲渡：800万円（措34の3①，②）
(f)　居住用財産の譲渡：3,000万円（措法35①）

9．一時所得

(1)　一時所得の範囲

　一時所得とは，利子所得，配当所得，不動産所得，事業所得，給与所得，退職所得，山林所得および譲渡所得以外の所得のうち，営利を目的とする継続的行為から生じた所得以外の一時の所得で，労務その他の役務または資産の譲渡の対価としての性質を有しないものをいう（所法34①）。

　「一時所得」として，(a)懸賞の賞金品，福引の当選品等（業務に関して受けるものを除く），(b)競馬の馬券の払戻金，競輪の車券の払戻金等，(c)生命保険契約等に基づく一時金，損害保険契約等に基づく満期返戻金等，(d)法人から贈与により取得する金品（業務に関して継続的に受けるものを除く），(e)遺失物拾得者または埋蔵物発見者が受ける報労金，(f)遺失物の拾得または埋蔵物の発見により新たに所有権を取得する資産等がある（所基通34-1）。

　ただし，上記(b)競馬の馬券の払戻金については，馬券を自動的に購入するソフトウェアを使用し，独自の条件設定・計算によりインターネットで多数回に購入することから馬券の払戻金を得ることによって多額の利益を恒常的に上げ，一連の馬券購入が経済活動の実態を有することが明らかである場合には，競馬の馬券

の払戻金に係る所得は「雑所得」に該当する。

　なお，社会・経済政策上，次のような項目は**非課税所得**として取り扱われる。
(a)　損害保険契約に基づき支払いを受ける保険金および損害賠償金等で，心身に加えられた損害または突発的な事故により資産に加えられた損害に起因して取得するもの（所法9①十七）
(b)　公職の候補者が選挙運動に関し法人からの贈与により取得するもの（ただし，選挙管理委員会に報告されたものに限る）（所法9①十八）
(c)　宝くじの賞金（当せん金附証票法13）

(2)　一時所得の金額の計算

　一時所得の金額は，その年中の一時所得に係る総収入金額からその収入を得るために支出した金額（その収入を生じた行為をするため，またはその収入を生じた原因の発生に伴い直接要した金額に限る）を控除し，その残額から50万円の特別控除額（その残額が50万円に満たない場合には，その残額）を控除した金額である（所法34②・③）。

　　　一時所得の金額＝総収入金額－収入を得るための支出金額－特別控除額

　一時所得の総収入金額は，その年中において収入すべき金額（金銭以外の物または権利その他経済的な利益をもって収入する場合には，その金銭以外の物または権利その他経済的な利益の価額）である（所法36①・②）。

　「一時所得の総収入金額」の収入すべき時期は，その支払いを受けた日である。ただし，支払いを受けるべき金額が事前に支払者から通知されているものについては，当該通知を受けた日とする。また，生命保険契約等に基づく一時金のように，支払いを受けるべき事実が契約により定められている場合には，支払いを受けるべき事実が発生した日とする（所基通36-13）。

　「一時所得の金額」の計算上，収入を得るために支出した金額は，その収入を生じた行為をするためまたはその収入を生じた原因の発生に伴い直接要した金額に限られる（所法34②）。したがって，支出した金額は，その収入を生じた個別の行為またはその個別の原因ごとに対応されなければならない。

　なお，一時所得に関して総所得金額に算入される金額は，一時所得の金額の2分の1に相当する金額である（所法22②二）。

一時所得の計算上生じた「損失の金額」は、他の所得の金額から控除することはできない（所法69①）。

10. 雑 所 得

(1) 雑所得の範囲

雑所得とは、利子・配当・不動産・事業・給与・退職・山林・譲渡・一時所得のいずれにも該当しない所得をいう（所法35①）。

雑所得の範囲は、その計算方法の違いに応じて、(a)公的年金等と(b)その他に区分される（所法35②）。

公的年金等には、国民年金法・厚生年金保険法・国家公務員共済組合法・私立学校教職員共済組合法等の規定による社会保険や共済制度に基づく年金、恩給等があり、**その他の雑所得**として、学校債・組合債等の利子、公社債の償還差益、原稿料、作曲・デザイン等の報酬、著作権の使用料、講演料等が列挙されている（所基通35-1, 35-2）。

(2) 雑所得の金額の計算

雑所得の金額は、(イ)公的年金等の収入金額から公的年金等控除額を控除した金額および(ロ)その年中の公的年金等に係る所得以外の雑所得に係る収入金額から必要経費を控除した金額の合計額である（所法35②）。

　　雑所得の金額＝（公的年金等の収入金額－公的年金等控除額）
　　　　　　　　　＋（公的年金等以外の収入金額－必要経費）

公的年金等の収入金額は、その年中に定められた支給日が到来したものに対応する公的年金等の受取額の合計額である。**公的年金等控除額**は、図表3-3の右側の算式により計算した金額である（所法35④、措法41の15の3）。

その他の雑所得の総収入金額は、その年において収入すべき金額（金銭以外の物または権利その他経済的な利益をもって収入する場合には、その金銭以外の物または権利その他経済的な利益の価額）である（所法36①、②）。

雑所得を生ずべき業務を行う者が受ける保険金、損害賠償金、見舞金、補償金

図表 3-3　公的年金等控除額の算式

公的年金等の収入金額		公的年金等控除額
65 歳以上	330 万円以下	120 万円（収入金額を限度とする）
	330 万円超　410 万円以下	収入金額 × 25% ＋ 375,000 円
	410 万円超　770 万円以下	収入金額 × 15% ＋ 785,000 円
	770 万円超	収入金額 × 5% ＋ 1,555,000 円
65 歳未満	130 万円以下	70 万円（収入金額を限度とする）
	130 万円超　410 万円以下	収入金額 × 25% ＋ 375,000 円
	410 万円超　770 万円以下	収入金額 × 15% ＋ 785,000 円
	770 万円超	収入金額 × 5% ＋ 1,555,000 円

その他これらに類するもので，当該業務の遂行上生じた損失の補塡または当該業務の休止・廃止による収益減少の補償の性質を有するものは，雑所得の収入金額に含まれる（所令94）。

その他の雑所得の必要経費に算入すべき金額は，「別段の定め」があるものを除き，総収入金額を得るために直接要した費用およびその年における販売費，一般管理費その他所得を生ずべき業務について生じた費用（償却費以外の費用でその年において債務の確定しないものを除く）の額である（所法37①）。

第 4 節　損益通算および純損失の繰越控除

1．損益通算の仕組み

所得税法は，前述のとおり，所得を 10 種類に分類し，「源泉分離課税」となる所得または「源泉徴収」と「年末調整」により課税が完結される給与所得を除き，確定申告を行う必要がある（所法120，121）。ただし，確定申告の対象となる所得には，退職所得および山林所得，土地・建物等の譲渡所得，株式等に係る譲渡所得等のように「分離課税」により所得税が算出されるものもある。

これに対し，上記以外の利子所得，配当所得，不動産所得，事業所得，給与所得，譲渡所得，一時所得および雑所得については，合算により総所得金額が計算され，**総合課税**により所得税が算出される（所法22①・②）。これらの所得を合算・

総合するに際して，所得の種類によっては，所得金額の計算上，「損失」が発生する場合もあり得る。総合課税の方法を前提にすれば，総所得金額を計算する過程において，損失は当然に他の所得と相殺(そうさい)されることになる。

　しかし，「総合課税」の対象所得間，「分離課税」の対象所得間および「総合課税」の対象所得と「分離課税」の対象所得の間で，損失と所得の相殺に係る順序を納税者の恣意に委ねたのでは，「課税の公平」は保てない。また，所得の種類によっては，他の所得と相殺を認めるのが妥当でないものもある。そこで，各種所得の金額の計算上発生した損失金額を他の所得金額から控除することの可否および控除の順序について法定している。これが「損益通算」である。

　損益通算とは，総所得金額，退職所得金額または山林所得金額を計算する場合において，各種所得のうち「不動産所得の金額」，「事業所得の金額」，「山林所得の金額」または「譲渡所得の金額」に損失が生じた場合，一定の基準に従って当該損失を他の所得から相殺・控除し，その控除後の所得金額に基づいて課税標準を計算することをいう。損益通算は，基本的に，第一次通算，第二次通算そして第三次通算の順序で行われる（所法69①）。

① 第一次通算
  (a) 「不動産所得金額」または「事業所得金額」の損失は，他の**経常的所得**（利子所得・配当所得・給与所得・雑所得）から控除する（所令198一）。
  (b) 「譲渡所得金額」の金額は，総合課税所得と分離課税所得に分けられる。その場合，譲渡所得金額の損失は，総合課税の長期譲渡所得（以下「総合長期譲渡」という）と短期譲渡所得（以下「総合短期譲渡」という），分離課税の長期譲渡所得（以下「分離長期譲渡」という）と短期譲渡所得（以下「分離短期譲渡」という）に区分され，まず，(イ)「総合長期譲渡」と「総合短期譲渡」の相互間，(ロ)「分離長期譲渡」と「分離短期譲渡」の相互間でそれぞれ赤字と黒字との**内部通算**を行う。上記(イ)総合譲渡所得相互間で内部通算しきれない赤字は，他の**臨時的所得**（一時所得：特別控除後で2分の1相当額）と損益通算する。(ロ)分離譲渡所得相互間で内部通算しきれない赤字は，損益通算できない（所令198二，三，措法31③二，32④）。

② 第二次通算
(a)経常的所得グループまたは(b)臨時的所得グループに赤字がある場合、(b)または(a)の黒字と損益通算し，総所得金額を算定する（所令198三，四）。

第3章 所得税法　113

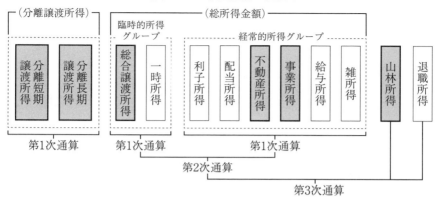

図表 3-4　損益通算の仕組み

注：☐で囲んだ所得は赤字になる可能性があり，他の所得（黒字）と損益通算できる。

③　第三次通算

　第二次通算によっても赤字を控除できない場合，(1)山林所得，(2)退職所得の順に控除する。山林所得に赤字が生じた場合には，まず，経常的得グループと損益通算し，なお控除しきれない赤字は，(1)臨時的所得グループ，(2)退職所得の黒字の順に通算する。総所得金額と山林所得がともに赤字である場合には，退職所得から総所得金額，山林所得の順位で通算する（所令 198 六）。

2. 純損失の繰越控除

　損益通算の結果，なお損失金額（**純損失**という）が残っているとき，一定の要件を満たす場合に限り，その金額を翌年度以降 3 年間にわたって繰り越し，所得金額から控除できる（所法 70 ①）。これを**純損失の繰越控除**という。

　なお，控除する純損失の金額が，前年以前 3 年内の 2 以上の年に生じたものである場合には，古い年に生じた純損失の金額から順次控除する（所令 201）。

第5節 所得控除

1. 雑損控除

　納税者または生計を一にする配偶者その他親族（合計所得金額が基礎控除額以下の者に限る）が所有している住宅，家財，現金など，生活に通常必要な資産について，災害，盗難，横領により損失を被った場合には，その損失額が一定額を超える金額は**雑損控除**として所得金額から控除される（所法72，所令205，206）。書画・骨董品・貴金属（1個または1組の価額が30万円を超えるもの），別荘など，生活に通常必要でない資産，事業用の棚卸資産が損害を被った場合には，雑損控除の対象にならない（所法72①）。

　ここに**災害**とは，火災，震災，風水害，冷害，雪害，干害，落雷，噴火，鉱害，火薬類の爆発，虫害，獣害などである（所法2①二十七，所令9）。

　雑損失の金額は，損失が生じたときの直前後の時価を基礎にして計算される。減価償却資産の場合には，時価を基礎にして計算する方式と取得価額を基礎にして計算する方式のいずれかを選択適用できる（所令206③）。

　損失額には，災害により損壊した資産の取壊費用，災害終了日の翌日から1年以内に支出した原状回復費用，土砂などの片付費用などの**災害関連支出**も含まれる。また，豪雪による住宅の損壊を防ぐための屋根の雪下ろし費用なども，「災害関連支出」に該当する。ただし，保険金，損害賠償金などで補塡される金額は，損失額から控除される。

　　　　雑損失の金額＝損失発生直前の時価－損失発生直後の時価
　　　　　　　　　　＋災害関連支出－保険金等の金額

　雑損控除の金額は，次の算式(a)と(b)により算定した金額のうち，いずれか多い方の金額である（所法72①）。

(a) 雑損失の金額－総所得金額等×10％
(b) 災害関連支出の金額－5万円

　雑損控除の適用を受けるためには，被害を受けた住宅・家財の損害額の明細書，

災害関連支出の領収書などを確定申告の際に添付または提示を行う必要がある（所令262①一）。

2．医療費控除

医療費とは，医師または歯科医師による診断または治療，その他医療またはこれに関連する人的役務の提供の対価のうち，通常必要であると認められるものをいう（所法73②）。控除の対象となる「医療費」としては，たとえば次に掲げる対価が該当する（所令207，所基通73-3，73-5，73-6，73-7）。

① 医師または歯科医師による診断または治療
② 治療または療養に必要な医薬品の購入
③ 病院，診療所，介護老人保健施設，指定介護老人福祉施設または助産所へ収容されるための人的役務の提供
④ あん摩マッサージ指圧師，針師，きゅう師，柔道整復師等による施術
⑤ 看護師・準看護師等による療養上の世話（これらの人以外の人で，療養上の世話を受けるために特に依頼した人に支払った費用・在宅療養費も含む）
⑥ 産婦による分娩の介助（妊婦，褥婦または新生児の保健指導も含む）
⑦ 指定介護老人福祉施設サービスの対価（介護費および食事）を支払った金額の2分の1相当額
⑧ 介護保険制度の下で提供される一定の居宅サービスの自己負担額
⑨ 入院・通院のために支払った交通費，医師等の送迎代，入院等に係る部屋代・食事代，医療用器具等の購入費等
⑩ 日常最低限の用を足すために使われる義手，義足，松葉杖，義歯等の購入費
⑪ 6カ月以上寝たきり状態であり，おむつの使用が必要であると医師により認定された人で，「おむつ使用証明書」が医師から発行された人のおむつ代

納税者が，自己または自己と生計を一にする配偶者その他の親族に係る医療費を支払った場合，その年中に支払った医療費の金額（保険金，損害賠償金などによって補塡される金額を除く）が総所得金額等（分離課税の譲渡所得の金額がある場合には，特別控除額控除前）の5％（5％相当額が10万円を超える場合には，

10万円) を超えるときは，その超過額は200万円の限度内で**医療費控除**として控除できる (所法73①, 所令207)。

$$(医療費 - 保険金) - 総所得金額等 \times 5\% \begin{pmatrix} 10万円を \\ 限度とする \end{pmatrix} = 医療費控除額 \begin{pmatrix} 200万円を \\ 限度とする \end{pmatrix}$$

「医療費控除」は，給与所得者の年末調整の際には控除されないので，医療費控除の適用を受けるためには，「確定申告」を行い，「医療費の領収書」等を添付するか提示する必要がある (所令262①二)。

3. 社会保険料控除

納税者が，自己または自己と生計を一にする配偶者その他の親族のために負担した社会保険料は，その支払った金額の全額を**社会保険料控除**として控除される (所法74①, 所令208)。すなわち，健康保険，厚生年金保険，国家公務員共済組合，雇用保険，船員保険，国民年金等の保険料・掛金等の「社会保険料」を支払った場合 (または給料から差し引かれる場合) には，社会政策的配慮から社会保障費の負担額として控除される (所法74②)。

なお，事業主が負担する社会保険料は，事業主の事業所得等の計算では「必要経費」として算入されるので，「社会保険料控除」の対象とはならない。

4. 小規模企業共済等掛金控除

納税者が，「小規模企業共済法」による共済契約 (旧第2種共済契約を除く) の掛金，「確定拠出年金法」の個人型年金加入者掛金，地方公共団体が実施する心身障害者扶養共済制度の掛金を支払った場合，その全額が**小規模企業共済等掛金控除**として控除される (所法75)。

「小規模企業共済等掛金控除」の適用を受けるためには，確定申告書に所定の事項を記載するほかに，掛金等の金額を証明する書類の添付または提示が必要である (所令262①四)。

5. 生命保険料控除

　一定の要件を満たす生命保険契約等，介護医療保険契約等，個人年金保険契約等に係る新生命保険料，旧生命保険料，介護医療保険料，新個人年金保険料，旧個人年金保険料を支払った場合には，一定の方法により計算した金額が合計で最高12万円を限度に**生命保険料控除**として控除できる（所法76）。

　(イ)　新生命保険料，介護医療保険料または新個人年金保険料を支払った場合（下記(ハ)・(ニ)を除く），次の金額が「生命保険料控除」として差し引かれる。
　　(a)　保険料が2万円以下である場合：全額
　　(b)　保険料が2万円を超え，4万円以下である場合：保険料×50％＋1万円
　　(c)　保険料が4万円を超え，8万円以下である場合：保険料×25％＋2万円
　　(d)　保険料が8万円を超える場合：4万円
　(ロ)　旧生命保険料または旧個人年金保険料を支払った場合（下記(ハ)・(ニ)を除く），次の金額が「生命保険料控除」として差し引かれる。
　　(a)　保険料が25,000円以下である場合：全額
　　(b)　保険料が25,000円を超え，5万円以下の場合：保険料×50％＋12,500円
　　(c)　保険料が5万円を超え，10万円以下の場合：保険料×25％＋25,000円
　　(d)　保険料が10万円を超える場合：5万円
　(ハ)　新生命保険料および旧生命保険料控除を支払った場合，上記(イ)・(ロ)により求めた金額の合計額（ただし，4万円を限度とする）が「生命保険料控除」として差し引かれる。
　(ニ)　新個人年金保険料および旧個人年金保険料を支払った場合，上記(イ)・(ロ)により求めた金額の合計額（ただし，4万円を限度とする）が「生命保険料控除」として差し引かれる。

6. 地震保険料控除

　納税者が，自己または自己と生計を一にする配偶者その他の親族の所有に係る常時居住の用に供する家屋または家具，什器，衣服等の**生活用動産**の地震等損害等（地震・噴火またはこれらによる津波を直接・間接の原因とする火災，損壊，埋没または流失による損害）に基因して保険金等が支払われる損害保険契約等に

支払った地震保険料（地震等損害部分の保険料・掛金）に対して，合計で5万円を最高限度額として**地震保険料控除**が所得控除として認められている（所法77①）。

「損害保険料控除」を受ける場合には，「保険料支払証明書」を確定申告書または「保険料控除申告書」に添付するか提示する必要がある（所令262①五，319①四）。ただし，給与所得者が既に年末調整において給与所得から差し引かれている場合には，添付または提示の必要はない（所令262①）。

7. 寄附金控除

納税者が，国，地方公共団体，公益法人，認定NPO法人，日本赤十字社等に対して支出した**特定寄附金**（教育・科学の振興，文化の向上，社会福祉への貢献等に充てられた寄附金）には，次の算式により計算された金額が**寄附金控除**として控除される（所法78，措法40⑭，41の18①，41の18の2①）。

寄附金控除額＝支出額（総所得金額等の40％を限度とする）－2,000円

「寄附金控除」を受ける場合には、寄附した団体から交付された受領書を添付するか提示しなければならない（所令262①七）。

8. 障害者控除

納税者またはその「控除対象配偶者」（納税者と生計を一にし，その年の合計所得金額が38万円以下である配偶者）や「扶養親族」（納税者と生計を一にし，配偶者以外の6親等内の血族，3親等内の姻族であり，その年の合計所得金額が38万円以下である者）のうち，障害者がいる場合，「障害者」（心身喪失の状況にある人，精神保健指定医などにより知的障害者と判定された人，身体障害者手帳・戦傷病者手帳に身体上の障害がある旨の記載がされている人等）1人に27万円，「特別障害者」（精神保健指定医などにより重度の知的障害者と判定された人，身体障害者手帳に記載されている身体上の障害の程度が1級または2級である人等）に40万円，「同居特別障害者」に75万円が**障害者控除**として控除される（所法2①二十八，二十九，79，所令10①，②）。

9. 寡婦控除・寡夫控除

　納税者が寡婦または寡夫（老年者控除を受ける者を除く）である場合，27万円（特定寡婦には35万円）の**寡婦控除**または**寡夫控除**を受けることができる（所法81，措法41の17）。

　寡婦とは，(a)夫と死別または離婚した後に再婚していない者，または夫が生死不明等である者のうち，扶養親族，「総所得金額等」が38万円（後述する基礎控除の金額）以下の「生計を一にする」子（他の納税者の控除対象配偶者や扶養親族とされている者を除く）のある者，(b)夫と死別した後に再婚していない者，または夫が生死不明等である者で，「合計所得金額」が500万円以下である者をいう（所法2①三十，所令11）。

　なお，**合計所得金額**とは，総所得金額（ただし，損益通算後の金額）に退職所得金額・山林所得金額を加算した金額（申告分離課税の所得がある場合，当該所得金額（特別控除額控除前）を加算した金額）である（所法2①三十）。

　他方，**寡夫**とは，「合計所得金額」が500万円以下である者のうち，妻と死別または離婚した後に再婚していない者，または妻が生死不明である者で，「総所得金額等」が38万円以下の「生計を一にする」子（他の納税者の控除対象配偶者や扶養親族とされている者を除く）のある者である（所法2①三十一，所令11の2）。

　前記(a)に該当する寡婦のうち，夫と死別または離婚した後に再婚していない者，または夫が生死不明である者で，扶養親族である子があり，かつ，「合計所得金額」が500万円以下である者については，**特定寡婦**として35万円の控除が受けられる（措法41の17）。

10. 勤労学生控除

　納税者が勤労学生である場合には，総所得金額等から**勤労学生控除**として27万円を控除できる（所法82）。

　「勤労学生」とは，自己の勤労により得た事業所得，給与所得，退職所得または雑所得（以下，給与所得等という）を有する者のうち，合計所得金額が65万円以下であり，かつ，合計所得金額のうち給与所得等以外の所得に係る部分の金額が10万円以下である者をいう（所法2①三十二）。

11. 配偶者控除

納税者と12月31日（年の中途で死亡した場合には，死亡日）の現況において生計を一にし，かつ，合計所得金額が38万円以下である**控除対象配偶者**がいる場合には，**配偶者控除**として38万円が控除される（法2三十三）。

したがって，配偶者にパート収入などで103万円までの給与収入があり，他に所得がない場合，給与収入から最低の給与所得控除額（65万円）を差し引けば，給与所得は38万円以下となり，「配偶者控除」が受けられる。

配偶者が「青色専従者給与」の支給または「事業専従者控除」を受ける場合には，「配偶者控除」は適用されない（所法2①三十三，57①・③）。

控除対象配偶者のうち，年齢が70歳以上である**老人控除対象配偶者**には，控除額は10万円加算され，48万円となる（所法2①三十三の二，83）。

さらに，一般の控除対象配偶者または老人控除対象配偶者が「同居特別障害者」とみなされる場合，控除額は75万円である。ここに**同居特別障害者**とは，特別障害者である控除対象配偶者であり，かつ，納税者や生計を一にする親族のいずれかとの同居を常況としている者をいう（措法41の14①）。

12. 配偶者特別控除

納税者の「合計所得金額」が1,000万円以下であり，生計を一にする配偶者（他の納税者の扶養親族，青色事業専従者，白色事業専従者を除く）の合計所得金額が38万円を超え，76万円未満である場合には，その配偶者の合計所得金額に応じて所定の金額が**配偶者特別控除**として控除される（所法83の2）。

したがって，配偶者の合計所得金額が38万円以下である場合には，「配偶者特

図表 3－5　配偶者特別控除

控除対象配偶者以外の配偶者の合計所得金額	控除額	控除対象配偶者以外の配偶者の合計所得金額	控除額
38万円超　40万円未満	38万円	60万円超　65万円未満	16万円
40万円以上45万円未満	36万円	65万円以上70万円未満	11万円
45万円以上50万円未満	31万円	70万円以上75万円未満	6万円
50万円以上55万円未満	26万円	75万円以上76万円未満	3万円
55万円以上60万円未満	21万円	76万円以上	0円

別控除」は受けられない。この控除額は，図表3-5のとおりである。

13. 扶養控除

　納税者に「扶養親族」（配偶者を除く）がいる場合，扶養親族一人につき38万円（特定扶養親族には63万円，老人扶養親族には48万円）が**扶養控除**として総所得金額等から控除できる（所法84①）。

　ここに**扶養親族**とは，その年の12月31日（年の中途で死亡した場合には，死亡日）の現況において納税者と生計を一にする6親等内の血族，3親等内の姻族，「児童福祉法」でいう里子，「老人福祉法」により養護を委託された老人のうち，合計所得金額が38万円以下である者（ただし，青色事業専従者，白色事業専従者を除く）である。なお，同一世帯に複数の納税者がいる場合には，扶養親族を分散して控除することができる（所法2①三十四）。

　特定扶養親族とは，扶養親族のうち，年齢16歳以上23歳未満の者をいう（法2①三十四の二）。また，**老人扶養親族**とは，扶養親族のうち，年齢70歳以上の者をいう（所法2①三十四の三）。

　なお，扶養親族が「同居特別障害者」である場合，扶養控除額は75万円となる（法84③，措法41の16①）。**同居特別障害者**とは，特別障害者に該当する扶養親族であり，かつ，納税者または生計を一にするその他の親族のいずれかと同居を常況としている者をいう（措法41の16①）。

　さらに，扶養親族が「同居老親等」である場合には，同上額（または同上合計額）に10万円を加算した金額が控除できる（法84③，措法41の16②）。**同居老親等**とは，老人扶養親族のうち，納税者またはその配偶者の直系尊属であり，かつ，納税者またはその配偶者もしくはその納税者と生計を一にするその他の親族のいずれかと同居を常況としている者である（措法41の16②）。

14. 基礎控除

　納税者すべてに**基礎控除**として，38万円が控除できる（所法86）。この基礎控除は，配偶者控除，扶養控除と並んで，最低生活費を保障するという趣旨に基づく所得控除である。

第6節　納付税額の計算

1．算出税額の計算

　前述したように，課税所得金額は，課税総所得金額，課税分離短期譲渡所得金額，課税分離長期譲渡所得金額，株式等に係る課税譲渡所得金額，課税山林所得金額および課税退職所得金額に分けられる（所法21①三）。
　税額は，これらの課税所得金額に「税率」を乗じて算出される（法89①）。

　　算出税額＝課税所得金額×税率

　ただし，総合課税を行う所得，分離課税を行う所得，源泉分離課税を行う所得の相違によって，適用される税率は異なる。なお，課税所得金額に1,000円未満の端数がある場合には，その端数の金額を切り捨てる（通法118①）。

(a)　課税総所得金額の算出税額
　総所得金額の算出税額は，金額の大きさに応じた「超過累進税率」を乗じて計算される（所法89①）。

　　総所得金額の算出税額＝課税総所得金額×超過累進税率

(b)　分離課税の短期譲渡所得金額の算出税額
　土地建物等に係る「短期譲渡所得金額」については，30.63％の税率で分離課税される（措法32①，措令21）。なお，国・地方公共団体等に譲渡・収用された場合には，15.315％の軽減税率が適用され，分離課税される（措法32③）。

(c)　分離課税の長期譲渡所得金額の算出税額
　土地・建物等を譲渡した場合の「長期譲渡所得」については，「課税長期譲渡所得金額」に15.315％の特別税率を乗じて算出税額を求める（措法31①，措令20）。
　なお，「優良住宅地の造成等」のために土地等を譲渡した場合，「課税長期譲渡所得金額」に対し2,000万円以下の部分には10.21％の特別税率，2,000万円を超える部分には15.315％の特別税率が適用され，分離課税される（措法31の2①）。
　さらに，所有期間が10年を超える居住用家屋・敷地等の「居住用財産」を譲渡

した場合，3,000万円の特別控除額を差し引いた「課税長期譲渡所得金額」に対し，6,000万円以下の部分には10.21％の特別税率，6,000万円を超える部分には15.315％の特別税率により算出税額が計算される（措法31の3）。

　(d)　株式等に係る課税譲渡所得金額の算出税額

　株式等（株式，新株予約権，協同組合等の出資者の持分，新株予約権付社債，公社債投資信託以外の証券投資信託等をいい，外国法人に係るものも含む）に係る課税譲渡所得等の金額に対しては，15.315％（このほかに地方税5％）の特別税率を乗じて算出税額を求める（措法37の10①）。

　(e)　課税山林所得の算出税額

　課税山林所得金額の5分の1について，総所得金額に対する超過累進税率を利用して計算した金額を5倍して，山林所得の算出税額が算定される（所法89①）。この計算方法を**5分5乗方式**という。

　たとえば，課税山林所得金額が800万円であった場合，「5分5乗方式」による算出税額（40万円）は次のように計算され，分離課税される。

　　①　5分：800万円÷5×5％＝8万円
　　②　5乗：8万円×5＝40万円

　(f)　課税退職所得金額の算出税額

　退職所得には，通常，源泉徴収が行われ，所得課税は完了し，確定申告を行う必要はない（所法121②）。退職金を受ける際に「退職所得の受給に関する申告書」を提供している場合，退職所得控除額を差し引いた「課税退職所得金額」に超過累進税率を適用して算出税額が計算され，源泉徴収される（所法201②）。

　「退職所得の受給に関する申告書」を提出していない場合には，20.42％の税率で源泉徴収される（所法201③）。源泉徴収税額が，正規の方法で計算した税額より少ない場合には，退職所得の確定申告を行い，税額を調整する。また，多い場合には，還付してもらう（所法121②，122①）。

　(g)　変動所得・臨時所得の平均課税による算出税額

　所得の中には，年によって変動の著しい「変動所得」や臨時的に発生する「臨時所得」がある。特定の年に所得が集中する場合，超過累進税率を適用すれば，当該年の租税負担が過重になる恐れがある。そこで，一定の要件を満たす場合，過重な租税負担を緩和するために，変動所得・臨時所得には「5分5乗方式」による税額計算が認められている。この課税方式を**平均課税**という（所法90）。

ここに**変動所得**とは，事業所得・雑所得のうち，漁獲・のりの採取，はまち・真鯛・ひらめ・鰻(うなぎ)・牡蛎(かき)・ほたて貝・真珠の養殖，原稿・作曲の報酬，著作権の使用料による所得をいう（所法2①二十三，所令7の2）。

臨時所得とは，事業所得・不動産所得・雑所得のうち，(1)3年以上の期間の不動産等の貸付による権利金等（年間使用料の2倍以上のもの），(2)公共事業の施工等に伴い事業の休業・転業・廃業により受ける3年以上の収益補償金，(3)事業資産の災害により受ける3年以上の収益補償金，(4)職業野球の選手等が一時に受ける3年以上の期間の専属契約金（年間報酬の2倍以上のもの）による所得およびこれに類する所得をいう（所法2①二十四，所令8）。

「平均課税」は，その年の変動所得・臨時所得の合計額（その年の変動所得が前年・前前年の変動所得の平均額以下である場合には，その年の臨時所得）が総所得金額の20％以上である場合に適用される（所法90①）。

2. 税額控除

(1) 配当控除

配当控除とは，居住者が，①剰余金の配当等（剰余金の配当・利益の配当・剰余金の分配，特定株式投資信託の収益の分配），②証券投資信託（特定株式投資信託・外貨建等証券投資信託を除く）の収益の分配または③一般外貨建等証券投資信託（外貨建等証券投資信託のうち特定外貨建証券投資信託以外のものをいう）の収益の分配に係る配当所得を有する場合，その者の課税総所得金額と配当所得金額に応じて算定された一定の金額が，その年分の所得税から税額控除されることをいう（所法92①）。

前述したように，わが国の法人税法は，「法人擬制説」に近い考え方を採用している。配当所得の対象である配当等は，会社等の法人が株主等に支払うものであるが，配当等を支払う法人は既に法人税を納税している。配当の財源に対して既に法人税が課税済みであるから，配当等を受け取った法人や個人にさらに法人税や所得税が課税される場合，法人擬制説の立場からは配当等に対する二重課税が生じることになる。そこで，二重課税排除の措置として，法人株主が配当等を受け取った場合には「受取配当等の益金不算入」，個人株主が配当等を受け取った

場合には所得税の「配当控除」の制度が設けられている。

配当控除額は，「課税総所得金額」(①総所得金額から各種所得控除を差し引いた残額，②土地等にかかる課税事業所得等の金額，③課税短期譲渡所得金額，④課税長期譲渡所得金額，⑤株式等にかかる課税譲渡所得等の金額および⑥先物取引にかかる課税雑所得等の金額の合計額）と「配当所得金額」に応じて，次のように計算される（所法92①一～三，措法9④）。

「課税総所得金額」が1,000万円以下である場合には，配当控除額は，①「剰余金の配当等」に係る配当所得の10.21％，②「証券投資信託の収益の分配」に係る配当所得の5.105％および③「一般外貨建等証券投資信託の収益の分配」に係る配当所得の2.5525％の合計額である。

「課税総所得金額」から②証券投資信託の収益の分配に係る配当所得と③一般外貨建等証券投資信託の収益の分配に係る配当所得を控除した金額が1000万円を超える場合には，①剰余金の配当等の配当控除額は，当該剰余金の配当等に係る配当所得のうちその超える部分については5.105％である。

「課税総所得金額」から③一般外貨建等証券投資信託の収益の分配に係る配当所得を控除した残額が1,000万円を超える場合には，②証券投資信託の配当控除額は，当該証券投資信託に係る配当所得のうちその超える部分については2.5525％である。

「課税総所得金額」が1,000万円を超える場合には，③一般外貨建等証券投資信託に係る配当所得の配当控除額は，当該一般外貨建等証券投資信託に係る配当所得のうちその超える部分については1.27625％である。

(2) 外国税額控除

外国税額控除とは，居住者が各年において「外国所得税」を納付した場合に，当年分の配当控除後の所得税額から，当年に生じた国外源泉所得に対応するものとして計算した控除限度額の範囲内で，外国所得税を控除する制度である（所法95①）外国税額控除の対象となる「外国所得税」とは，外国の法令に基づき，外国またはその地方公共団体により個人の所得を課税標準として課される税をいう（所令221①)。「外国税額控除」は，同一所得に対するわが国と外国との間の二重課税を排除するために設けられた措置である。

外国税額控除の控除限度額は，居住者の当年分の所得税額に，当年分の「所得

総額」のうちに当年分の「国外所得総額」の占める割合を乗じて計算した金額である（所令222①）。

「所得総額」とは，損失の繰越控除を適用しないで計算した金額である。「国外所得総額」とは，国内源泉所得以外の所得のみについて所得税を課すとした場合に課税標準となるべき総所得金額等の合計額をいう（所令222②・③）。

なお，控除限度額には，国税控除限度額のほかに，「地方税控除限度額」がある（所法95②，所令223①）。**地方税控除限度額**は，道府県民税からの外国所得税額の控除限度額（国税控除限度額×12％）および市町村民税からの外国所得税額の控除限度額（国税控除限度額×18％）の合計額である（所令223，地法37の2，314の8，地令7の19，48の9の2④）。

(3) 住宅借入金等特別税額控除

居住者が，(a)居住用家屋の新築，(b)建築後使用されたことのない居住用家屋の取得，(c)建築後使用されたことのある既存住宅の取得または(d)居住用家屋の増改築等（以下，住宅の取得等という）により居住の用に供し，当該取得等に係る借入金または債務（以下，借入金等という）の金額を有する場合，居住の用に供した「居住年」以後10年間の各年について，居住開始の時期および控除対象年度に応じた一定割合を借入金等の年末残高に乗じた金額が所得税額から控除される。これを**住宅借入金等特別税額控除**という（措法41）。

「居住の用に供する」とは，住宅の取得等の日から6ヵ月以内の場合に限られる。「居住年以後一定期間内の各年」とは，12月31日まで引続き居住の用に供している年であり，かつ，居住者の合計所得金額が3,000万円以下である年でなければならない。控除対象となる「借入金等」は，住宅の取得等に要する資金に充てるための民間金融機関，住宅金融公庫，地方公共団体その他当該資金の貸付けを行う者からの借入金で，償還期間が10年以上の割賦償還の方法により返済する借入金等である（措法41①一～四）。

「住宅借入金等特別税額控除」の控除額は，居住年以後10年間の各年について下記算式で計算した金額である。

(1) 一般住宅：住宅借入金等の年末残高（4,000万円を限度とする）×1％
(2) 認定住宅：住宅借入金等の年末残高（5,000万円を限度とする）×1％

居住者が，住宅の取得等により居住年またはその前年もしくは前々年において，

一定の課税の特例の適用を受けている場合には，住宅借入金等特別控除は適用されない（措法41⑤，⑥）。上記課税の特例には，次のものがある。
- (a) 特定増改築等に係る住宅借入金等特別税額控除の特例（措法41の3の2）
- (b) 既存住宅の耐震改修に係る特別税額控除（措法41の19の2）
- (c) 既存住宅の特定改修工事に係る特別税額控除（措法41の19の3）
- (d) 認定住宅の新築等に係る特別税額控除（措法41の19の4）

(4) 政党等寄附金特別税額控除

　個人が平成7年1月1日から平成31年12月31日までに支出した政党または政党の政治資金団体に対する政治活動に関する寄附金で，「政治資金規正法」による報告書により報告されたもの（「政党等寄附金」という）について，その者の有利選択により，所得控除の**寄附金控除**の適用に代えて，一定の計算の結果算定された金額（所得税額の25％相当額を限度とする）を当年分の所得税から控除することが認められる。これを**政党等寄附金特別税額控除**という（措法41の18②）。

　政党等寄附金特別税額控除の控除額は，「政党等寄附金」と「所得金額の40％相当額から特定寄附金を控除した残額」とのいずれか少ない方の金額から2,000円を控除した残額に30％を乗じた金額である（措法41の18②）。

　なお，「特定寄附金」とは，国・地方公共団体，公益法人のうち財務大臣が指定したもの等に対する寄附金をいう（所法78②）。

(5) 認定特定非営利活動法人・公益社団法人等に対する寄附金特別税額控除

　認定特定非営利活動法人に対して当該法人が行う特定非営利活動に係る事業に関連する寄附金を支出した場合，認定特定非営利活動法人に対する寄附金特別税額控除が認められている。特別税額控除額は，下記算式による金額のうち低い金額である（措法41の18の2②）。
- (1) （特定非営利活動に関する寄附金（所得の40％限度） − 2,000円）× 30％
- (2) 所得金額 × 25％

　なお，寄附金控除の対象となる特定寄附金のうち，一定の要件を満たす公益社団法人等（公益社団法人，公益財団法人，学校法人，社会福祉法人，更生保護法

人等）に対して寄附金を支出した場合，上記算式による税額控除額が認められている（措法41の18の3）。

(6) 青色申告者に認められる税額控除

前記のように「所得税法」で認められている税額控除のほかに，**青色申告者**に限って「租税特別措置法」で認められる税額控除として，「法人税法」と同様に，試験研究費の額が増加した場合，エネルギー環境負荷低減推進設備等を取得した場合，国家戦略特別区域で機械等を取得した場合，生産性向上設備等を取得した場合，中小企業者等が機械等を取得した場合等の税額控除がある。

3. 申告納税額の計算

以上のように，「算出税額」から配当控除，外国税額控除，住宅借入金等特別控除，政党等寄附金特別控除等の各種の「税額控除」を差し引くと，当年分の所得税額が算定される。通常の場合には，これが**申告納税額**となる。

しかし，利子所得・配当所得・給与所得・退職所得，各種報酬・料金等については，源泉徴収の対象となる。このうち源泉分離課税により源泉徴収により課税関係が完了するもの以外は，すべて確定申告において精算される。源泉分離課税の対象となる源泉徴収税額以外の源泉徴収税額がある場合には，当年分の所得税額からこの源泉徴収税額が控除される。したがって，所得税額から源泉徴収税額を差し引いた金額が**申告納税額**となる。

前述したように，**復興特別所得税**として，平成25年分から平成49年分の申告納税額には基準所得税額の2.1％相当額が課される（復興財源確保法13，17）。

第7節 所得税の申告，納付および還付

申告納税に基づく所得税の納税義務は，暦年終了時に成立する（通法15）。しかし，具体的な納付税額は，納税者による「確定申告」により確定する。

確定申告には，①確定申告義務のある者が行うべき「確定所得申告」，②確定申告義務はないが，源泉徴収税額・予定納税額等の還付を受けるために行う「還付

等を受けるための申告」，③純損失，特定の上場株式等の譲渡損失，雑損失または純損失の繰越控除等による還付を受けるために行う「確定損失申告」がある。これらの申告は，納税者自身が通常の申告期限に行わなければならない。

　居住者は，当年分の納付税額について，「確定損失申告」を提出する場合を除き，翌年の2月16日から3月15日までの間に，一定の事項を記載した申告書を所轄税務署長に対して提出しなければならない（所法120，122，123）。この申告を**確定所得申告**という。

　さらに，年の中途で出国する者は出国時までに，死亡者の相続人は相続開始を知った日の翌日から4カ月以内に**準確定申告**を行う必要がある（所法125，127）。

　居住者は，当年分の所得税につき，①所得税額の計算上，控除しきれない外国税額控除額または②確定申告により納付すべき税額の計算上控除しきれない源泉徴収税額または予定納税額がある場合には，これらの税額の還付を受けるために，納税地の所轄税務署長に対して「還付等を受ける申告書」を提出することができる（所法122①）。

第4章 相続税法

第1節 相続税・贈与税の意義と課税根拠

　相続税法（昭和25年法律第73号）で規定する**相続税**は，人の死亡に伴い，その死亡した者（**被相続人**）の財産（**相続財産**）を引き継いだ者（**相続人**）に対して課される「**国税**」である。

　相続税が課される根拠としては，(1)巨額の遺産を相続する人とそうでない人との均衡を図り，特定の人に集中した財産を再配分すべきであるとする**財産再分配説**，(2)税法上の特典や租税回避行為によって蓄積した財産を相続時点で精算させるべきであるとする**所得税補完説**，(3)生前の富の蓄積は国家に保護されているので，死後には国家に還元されるべきであるとする**社会還元説**，(4)偶然な遺産取得による徴収であるとする**不労所得説**などがある。

　相続税は個人の死亡時に所有していた財産に課税されるので，生前に親族等に財産を贈与することによって，財産の無償取得に対する課税を回避できる可能性がある。したがって，その**贈与財産**に対して何らかの課税を行わなければ，相続税の存在意義そのものがなくなってしまう。

　これらの租税負担の調整を図るために，「相続」または**遺贈**（遺言を行って相続人以外の個人に財産を与えること）による財産の取得には**相続税**，「贈与」による財産の取得には**贈与税**が課税されている。

　贈与税とは，個人（贈与者）から贈与（死因贈与を除く）によって財産を取得した個人（受贈者）に対して，その取得財産の価額を基準にして課される国税である。したがって，贈与税は「相続税の補完税」とも言われている。「相続税」は個人の死亡に伴い取得する財産につき課税され，「贈与税」は生前の財産の無償取得につき課税される点で異なる。

第2節　納税義務者と法定相続人

1．納税義務者

　相続税の納税義務者は，「相続」または「遺贈」（死因贈与を含む）により財産を取得した個人であるが，「人格のない社団等」，「持分の定めのない法人」または「一定の信託の受託法人」を個人とみなし，課税される場合もある（相法66，9の4）。

　相続または遺贈によって財産を取得した時に日本国内に住所を有する**居住無制限納税義務者**に対しては，その財産の国内外を問わず，全財産に対し相続税が課税される（相法1の3一，2①）。

　日本国内に住所を有しない**制限納税義務者**には，取得した財産のうち，日本国内にあるものに対し相続税が課税される（相法1の3三，2②）。ただし，相続または遺贈によって財産を取得した下記①または②に該当する個人で，その財産を取得した時に日本国内に住所を有しない**非居住無制限納税義務者**に対しては，国内外の全財産に対し相続税が課される（相法1の3二，2①）。

①　日本国籍を有する個人（その者または被相続人が相続の開始前5年以内のいずれかの時に日本国内に住所を有したことがある場合に限る）

②　日本国籍を有しない個人（被相続人が相続の開始時に日本国内に住所を有したことがある場合に限る）

　なお，相続または遺贈によって財産を取得しなかった個人で，被相続人から相続時精算課税の適用を受ける財産を贈与により取得した**特定納税義務者**は，その相続時精算課税の適用を受けた財産について納税義務を負う（相法1の3四，21の16①）。

2．法定相続人

　遺言によって特に指定されていない限り，その遺産は**法定相続人**（民法で定めている親族）に相続されることになる。「法定相続人」は，被相続人と配偶関係にある**配偶者**と血族関係にある**血族相続人**に限定される。配偶者は常に相続人となるが，「血族相続人」には直系尊属（父と母），直系卑属（子と孫），兄弟姉妹等が

いるため，相続人となる順序が次のように決められている。

　第一順位：配偶者および被相続人の子
　第二順位：配偶者および被相続人の直系尊属
　第三順位：配偶者および被相続人の兄弟姉妹

　したがって，第一順位の子がいる場合には，第二順位の直系尊属（父と母）と第三順位の兄弟姉妹には相続権はない。また，非嫡出子（ひちゃくしゅつし）（正式な婚姻関係にない男女間に生まれ，認知されている子）も子として相続権を有する。

　相続人となる子または兄弟姉妹が相続開始前に死亡していた場合には，その者の子が相続権をもつことができる。これを**代襲相続**という。兄弟姉妹の代襲相続人は，兄弟姉妹の子に限られる。

　なお，法定相続人が受け取る相続割合である**法定相続分**は，法定相続人の構成によって次のように決められている。

　配偶者と子：配偶者に2分の1，子に2分の1
　配偶者と直系尊属：配偶者に3分の2，直系尊属に3分の1
　配偶者と兄弟姉妹：配偶者に4分の1，兄弟姉妹に4分の1

　子，直系尊属，兄弟姉妹または代襲相続人の人数が複数である場合には，各自の相続分は均等となる。ただし，非嫡出子の相続分は嫡出子の相続分の2分の1，父母の一方のみを同じくする兄弟姉妹の相続分は，父母の双方を同じくする兄弟姉妹の2分の1となる。

第3節　課税財産と非課税財産

1. 課税財産

　相続税は，相続または遺贈によって取得した相続財産に対して課税されるが，**課税財産**には，有形・無形を問わず，金銭的に見積可能な経済的価値のあるものすべてが含まれる（相基通11-2-1）。相続税の課税対象となる財産は，「本来の財産」と「みなし相続財産」とに区分される。

　本来の財産とは，民法上の財産であり，相続税法上，土地，借地権，建物，事

業用財産，有価証券，現金・預貯金，家庭用財産，特許権，実用新案権，商標権，著作権等をいう（相法3①）。

みなし相続財産とは，相続税法が財産とみなして課税対象とするものであり，生命保険金等，退職手当金等，生命保険契約に関する権利，定期金に関する権利，信託の受益権等をいう（相法3①，②）。

2. 非課税財産

原則として，相続または遺贈により取得した財産であり，かつ，金銭的価値を有する財産に対しては，すべて相続税が課税される。

ただし，財産の種類や性格，国民感情や社会政策を考慮した場合に課税することが好ましくないと考えられる財産もあり，次のような財産は，**非課税財産**として「相続税の課税価格」に算入されない（相法12①，措法70）。

① 皇室経済法第7条の規定により皇位とともに皇嗣が受けた物
② 墓所，霊廟と祭具およびこれらに準ずるもの
③ 宗教，慈善，学術その他公益を目的とする事業を行う者で，一定の要件に該当する者が相続または遺贈により取得した財産であり，公益を目的とする事業の用に供することが確実なもの
④ 心身障害者共済制度に基づいて支給される給付金を受ける権利
⑤ 相続人が取得した生命保険金等のうち，一定の金額
⑥ 相続人が取得した退職手当金等のうち，一定の金額
⑦ 国・地方公共団体または特定の公益法人等に相続財産を贈与した場合，その贈与した財産

第4節　相続税額の計算

1. 課税価格の合計額の計算

相続税の計算は，①**課税価格の合計額**の計算，②**相続税の総額**の計算，③各相

続人の**納付税額**の計算の3段階を踏むことになる。つまり,「課税価格の合計額」が算出され,次に,すべての相続人に係る「相続税の総額」が計算されると,最後に,その総額に基づいて各相続人の「納税額」が算定される。

　第一段階の**相続税の課税価格**は,相続または遺贈によって取得した相続財産の価格から,非課税財産の価格,債務および葬式費用の金額を控除して計算される。なお,相続開始前3年以内に被相続人から財産を贈与されたことがある場合には,その贈与財産の価格は「相続税の課税価格」に加算される。

　「相続税の課税価格」は,各相続人が取得した財産の価額の合計額に基礎にして計算されるが,相続税の申告書を提出する場合に,まだ遺産の分割が行われていないときは,民法の規定による相続分に従って遺産を取得したものとして課税価格は計算される(相法55)。

　相続または遺贈により財産を取得した**居住無制限納税義務者**(国内財産を取得した**非居住無制限納税義務者**を含む)は,相続開始の際に現に存する債務(租税公課を含む)および葬式費用のうち,取得者の負担に属する部分の金額を**債務控除**として相続財産の価格から控除できる(相法13①,措法69)。

　「債務控除」として,住宅ローン(団体信用生命保険に加入している場合を除く),その他の借入金,医療費等の未払金,所得税・住民税等の未払税金などが認められている。**葬式費用**とは,葬式の前後にかかった費用であるので,相続財産から控除できる「葬式費用」には,たとえば次のような費用がある(相基通13-4)。

　(イ)　死体の運搬(および捜索)にかかった費用
　(ロ)　葬式に係る費用(たとえば,喪服の賃借料,タクシー代,葬儀場・告別式場代,お浄めセット代,通夜等の飲食代など)
　(ハ)　火葬代,埋葬・納骨に係る費用
　(ニ)　お布施・戒名料・読経料などで,相当と認められる費用

　なお,(イ)墓地・墓石の購入費用,墓地の使用料,(ロ)仏壇・仏具の購入費用,(ハ)香典返し費用,(ニ)喪服の新調費用,(ホ)初七日・四十九日の法事費用,(ヘ)医学上・裁判上の特別措置に係る費用等は「葬式費用」として認められない(相基通13-5)。

2. 相続税の総額の計算

　相続税の総額は,同一の被相続人から相続または遺贈によって取得した相続財

産を取得したすべての者に係る「相続財産の課税価格」から**遺産に係る基礎控除額**（＝ 3,000 万円 + 600 万円 × 法定相続人の数）を控除した**課税遺産額**について，その被相続人の「法定相続人の数」に応じた相続人が，法定相続分に応じて取得したものとした場合におけるその各取得金額につき，それぞれの金額にそれぞれの税率を乗じて計算した金額である（相法15①，16）。なお，相続税の税率としては，**超過累進税率**が採用されている。

図表 4-1　相続税の超過累進税率

各取得分の金額　(A)	税率	控除額	税額の速算式
1,000 万円以下	10%	—	(A) × 10%
1,000 万円超　3,000 万円以下	15%	50 万円	(A) × 15% − 50 万円
3,000 万円超　5,000 万円以下	20%	200 万円	(A) × 20% − 200 万円
5,000 万円超　1 億円以下	30%	700 万円	(A) × 30% − 700 万円
1 億円超　2 億円以下	40%	1,700 万円	(A) × 40% − 1,700 万円
2 億円超　3 億円以下	45%	2,700 万円	(A) × 45% − 2,700 万円
3 億円超　6 億円以下	50%	4,200 万円	(A) × 50% − 4,200 万円
6 億円超	55%	7,200 万円	(A) × 55% − 7,200 万円

法定相続人の数は，「相続の放棄」があった場合には，その放棄がなかったとした場合における相続人の数とし，養子がいる場合には養子の数は次の区分に応じ，それぞれの人数とする（相法15②）。

(a)　被相続人に実子がある場合または被相続人に実子がなく，養子が 1 人である場合：1 人

(b)　被相続人に実子がなく，養子の数が 2 人以上である場合：2 人

3. 各相続人の納税額の計算

各相続人の相続税額は，被相続人から相続財産を取得したすべての者に係る「相続税の総額」に，相続財産を取得したすべての者に係る「課税価格の合計額」のうちに各相続人に占める相続割合を乗じて算出される（相法17）。

ただし，相続財産を取得した者が被相続人の一親等の血族や配偶者でない場合には，その者に係る相続税額は「各相続人の相続税額」に 20% 相当額を加算される（相法18）。

被相続人の配偶者が相続財産を取得した場合には，配偶者の相続税額は租税優遇措置によって軽減されている。つまり，次の算式により計算した金額のうち，いずれか少ない金額が**配偶者税額軽減**として，その配偶者の相続税額から控除される（相法19の2①）。

(a) 相続税の総額 × $\dfrac{相続税の課税価格の合計額 \times 配偶者の法定相続分^{(注)}}{相続税の課税価格の合計額}$

(b) 相続税の総額 × $\dfrac{配偶者の相続税の課税価格}{相続税の課税価格の合計額}$

(注) 1億6000万円に満たない場合には，1億6000万円

被相続人の法定相続人であり，居住無制限納税義務者または非居住無制限納税義務者に該当し，かつ，20歳未満である場合には，**未成年者控除**として20歳に達するまでの年数に10万円を乗じた金額が控除される（相法19の3①）。

相続財産を取得した者が障害者であり，居住無制限納税義務者または非居住無制限納税義務者である場合には，**障害者控除**として10万円，特別障害者である場合には20万円を85歳に達するまでの年数に乗じた金額が控除される（相法19の4①）。

相続により財産を取得した相続人が，その後，間もなく亡くなり，次の相続人が財産を取得する場合がある。その場合，その相続（**第2次相続**という）に係る被相続人が第2次相続前10年以内に開始した相続（**第1次相続**という）によって財産を取得したことがあるときには，「第2次相続の相続税」から一定の金額が**相次相続控除**として控除される（相法20①）。

相続財産を取得した者が，被相続人から相続開始前3年以内に贈与により財産を取得した場合，その贈与財産の価格を相続税の課税価格に加算した価格が相続税の課税価格とみなされる。この場合，課税価格に加算した贈与財産に係る贈与税相当額は**贈与税額控除**として控除される（相法19①）。

相続または遺贈により外国にある財産を取得し，その財産に対して外国で相続税が課せられている場合，その外国税額相当額は**外国税額控除**として控除される（相法20の2）。

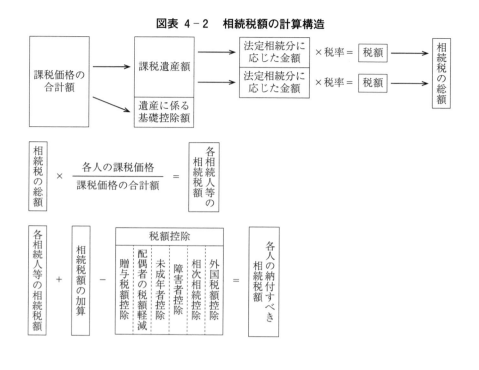

図表 4-2　相続税額の計算構造

第5節　贈与税の相続時精算課税方式

　贈与税の計算方法として,「暦年課税方式」と「相続時精算課税方式」がある。
　暦年課税方式では,1年間の贈与財産の価格から110万円の基礎控除を差し引いた「課税価格」に**超過累進税率**を乗じて贈与税を求め,納税を完結する方法である(相法21の7,措法70の2の5)。前述したように,相続・贈与により財産を取得した人が,相続開始前の3年間に被相続人から贈与を受けた財産については,相続財産に加算され,相続税の対象となるが,その贈与財産に対応する贈与税額は相続税額から控除されることになる。
　相続時精算課税方式では,贈与時には「暦年課税」と同様に1年ごとに贈与税を納税するが,相続時には,相続財産と当該贈与財産を合計した上で相続税を計算し,その相続税から既に納付した相続時精算課税方式による贈与税の累計額を差し引き,相続税と贈与税を精算する。贈与税額は贈与財産の合計額から特別控除額2,500万円(複数年での累計限度額)を差し引いた「課税価格」に一律20％

図表 4-3 贈与税の超過累進税率

(イ) 直系尊属から 20 歳以上の者への贈与

基礎控除・配偶者控除後の課税価格 (A)	税率	税額の速算式
200 万円以下	10%	(A) × 10%
200 万円超　400 万円以下	15%	(A) × 15% － 10 万円
400 万円超　600 万円以下	20%	(A) × 20% － 30 万円
600 万円超　1,000 万円以下	30%	(A) × 30% － 90 万円
1,000 万円超　1,500 万円以下	40%	(A) × 40% － 190 万円
1,500 万円超　3,000 万円以下	45%	(A) × 45% － 265 万円
3,000 万円超　4,500 万円以下	50%	(A) × 50% － 415 万円
4,500 万円超	55%	(A) × 55% － 640 万円

(ロ) 上記以外の者への贈与

基礎控除・配偶者控除後の課税価格 (A)	税率	税額の速算式
200 万円以下	10%	(A) × 10%
200 万円超　300 万円以下	15%	(A) × 15% － 10 万円
300 万円超　400 万円以下	20%	(A) × 20% － 25 万円
400 万円超　600 万円以下	30%	(A) × 30% － 65 万円
600 万円超　1,000 万円以下	40%	(A) × 40% － 125 万円
1,000 万円超　1,500 万円以下	45%	(A) × 45% － 175 万円
1,500 万円超　3,000 万円以下	50%	(A) × 50% － 250 万円
3,000 万円超	55%	(A) × 55% － 400 万円

の税率を乗じて計算する（相法 21 の 10, 21 の 12, 21 の 13）。

「暦年課税方式」では，贈与者・受遺者には制限はないが，「相続時精算課税方式」では，贈与者は 60 歳以上の父母または祖父母，受贈者は 20 歳以上の法定相続人または孫に限られる（相法 21 の 9 ①）。

相続時精算課税方式は贈与者ごとに選択できるが，「相続時精算課税選択届出書」の提出が必要であり，一度選択した贈与者に対しては，その後，継続適用が要求される（相法 21 の 9 ②, ⑥）。

前述したように，「暦年課税方式」では，相続財産への加算対象は相続開始前 3 年以内の被相続人（贈与者）からの贈与財産に限定されるが，「相続時精算課税方式」においては，適用選択後の贈与者（被相続人）からの贈与財産すべてとなる。ただし，相続税額が贈与税額よりも少ない場合には，還付される。

第6節　財産評価の基本原則

1．法定評価

相続税は相続財産の価格に基づいて計算されるので，その財産評価額の算定によっては税額が大きく異なる。したがって，相続税の財産評価は実務上きわめて重要である。「相続税法」は，地上権・永小作権，定期金に関する権利，生命保険契約に関する権利および立木について評価方法を規定している。

(1) 地上権および永小作権

地上権・永小作権の相続税の評価額は，その目的となった土地の権利取得時におけるこれらの権利が設定されていない場合の時価に，その残存期間に応じた一定割合を乗じた金額である（相法23）。

(2) 定期金に関する権利

定期金の給付事由が発生しているもの（**定期金に関する権利**）については，(イ)解約返戻金の金額，(ロ)定期金に代え一時金で受け取れる場合にはその一時金の金額，(ハ)給付を受けるべき金額の一年当たりの平均額に一定率を乗じた金額のうち，「最も多い金額」が相続税の評価額となる（相法24①）。定期金の給付事由が発生していないもの（生命保険契約を除く）については，原則として「解約返戻金」が相続税の評価額である（相法25）。

(3) 生命保険契約に関する権利

保険事故が発生していない**生命保険契約に関する権利**は，その生命保険契約を解約するとした場合に支払われる「解約返戻金の金額」が，相続税の評価額となる。なお，解約返戻金のほかに前納保険料の金額や剰余金の分配額等がある場合には，これらの金額を加算し，解約返戻金の金額から差し引かれる源泉所得税がある場合には，その金額を引いた金額となる（相法22）。

(4) 立　木

立木の取得時の時価に 85％の割合を乗じた額が，相続税の評価額である（相法 26）。

2．財産評価基本通達による具体的評価方法

「相続税法」による法定評価以外の財産は，その財産の取得時における時価により評価される。具体的な評価は，一般に**財産評価基本通達**に基づいて行われる。「財産評価基本通達」は，納税者の便宜・評価の統一を図るために設定されているが，評価方法の共通原則は次のとおりである（財基通1～4）。

(イ)　財産価格・債務額は個々の評価単位ごとに評価され，その評価に当たって財産価格に影響を及ぼすべきすべての事情が考慮される。

(ロ)　共有財産の持分の価格は，その財産価格を持分で按分する。

(ハ)　区分所有に係る財産の各部分の価格は，その財産価格に基づいて各部分の使用収益などの状況を勘案し，各部分に対応する価格によって評価される。

(ニ)　天然果実の価格は元物に含めて評価され，法定果実の価格は元物とは別に評価される。ただし，これと異なる取引慣行がある場合などには，この限りではない。

相続税の申告に当たっては，通常，「財産評価基本通達」に規定されている下記の評価方法によって算定した「相続税評価額」が採用される。

① 宅　地

宅地の評価は，原則として，市街地的形態を形成する地域には「路線価方式」，それ以外の地域には「倍率方式」によって行う。

路線価方式とは，その宅地の面する路線ごとに国税局長が評定した**路線価**に基づいて，間口・奥行き・形状等に応じて補正した価額を相続税の評価額とする方法である。

倍率方式とは，固定資産税評価額に国税局長が一定の地域ごとに定めた倍率を乗じた価額を相続税の評価額とする方法である（財基通11～31）。なお，**固定資産税評価額**は，一般に毎年4月・5月頃に市区町村から送付される「固定資産税納税通知書」に記載されている。

小規模宅地等に関する課税価格計算の特例として，相続または遺贈により取得

した財産のうち，相続開始の直前に被相続人または被相続人と生計を一にしていた親族の事業用または居住用に提供されていた宅地等で，一定の要件に該当する場合には，納税者の選択により，通常の評価額から，特定事業用宅地等にあっては400㎡までの部分の80％，貸付事業用宅地等にあっては200㎡までの部分の50％，特定居住用宅地等にあっては240㎡までの部分の80％を控除した金額が課税価格に算入される（措法69の4）。

なお，借地権，貸宅地，貸家建付土地，私道等の宅地は，利用状況に応じて，上記土地評価額を修正した金額が相続税の評価額となる。私道が不特定多数の人の通行の用に供されているときは，評価しなくてよいことになっている。

② 家　屋

家屋については，固定資産税評価額に倍率を乗じた金額が相続税の評価額となる。宅地と同様に，**固定資産税評価額**は「固定資産税納税通知書」に記載されている。貸家については，家屋の価格から借家権価格を控除した金額である（財基通88～94）。

③ 一般動産

一般動産の価格は，原則として，「再調達原価」によって評価される（財基通129）。自動車については，実務上，中古車見積価格，売出中の中古車価格，実際の売却価格などを参考にして評価される。

④ 棚卸商品

商品・製品等の**棚卸資産**については，販売価額から適正利潤・予定経費・消費税額を控除した価額が相続税の評価額となる（財基通133）。

⑤ 電話加入権

電話加入権は，通常の取引価格または国税局長の定める「標準価格」によって評価される（財基通161）。東京国税局では，1本2,000円とされている。

⑥ 株式および出資

上場株式については，(イ)課税時期の最終価格と(ロ)課税時期の属する月以前3カ月の毎日の最終価格の各月平均額のうち，「最も低い金額」が相続税の評価額となる（財基通168～169）。

取引所の相場のない株式には，会社の規模・株主の態様等により「類似業種比準方式」，「純資産価格方式」，「併用方式」，「配当還元方式」等のいずれかの方式で評価した金額が，相続税評価額となる（財基通170～196）。

公社債・投資信託については，債権の種類ごとに評価方法が分かれているが，ほとんどの場合，証券会社等から送付される「お取引明細書」や「お預かり資産の残高明細書」に記載されている時価評価額が相続税評価額となる（財基通197～199）。

⑦　預・貯金

預・貯金については，(イ)銀行の預金通帳・定期預金証書等に記載されている預入高と(ロ)現在，解約するとした場合の既経過利子から源泉徴収所得税額を控除した金額の合計額となる。ただし，定期預金以外の預・貯金で既経過利子が少額なものは，預入高で評価すればよいことになっている（財基通203）。

⑧　ゴルフ会員権

ゴルフ会員権の評価額は，通常の取引価格の70％相当額である。**取引相場のないゴルフ会員権**については，取得価格が簡便な評価額となる（財基通211）。

⑨　書画・骨董

書画・骨董については，販売業者の所有するものとそれ以外のものとに区分して評価する。実務上は，買取り業者の査定価格，古美術商などの専門家の鑑定額，売買実例価格などを参考にして評価される（財基通133，135）。

第7節　相続税の申告と納付方法

1．相続税・贈与税の申告

相続財産を取得した者は，相続の開始があったことを知った日の翌日から10カ月以内に「相続税の申告書」を納税地の所轄税務署長に提出しなければならない（相法27）。

なお，「配偶者の税額軽減」の適用を受けようとする場合には，納付すべき相続税額がない場合においても，申告書を提出する必要がある。

「贈与税」は，その年の1月1日から12月31日までの間に贈与を受けた者が，贈与により取得した財産の価額を基準にして課されるので，所得説法と同様に，翌年の2月1日から3月15日までの間に納税地の所轄税務署長に一定の事項を記

載した申告書を提出しなければならない（相法28①）。

2．相続税の納付方法

相続税は，「相続税の申告書」の申告期限（相続の開始があったことを知った日の翌日から10カ月以内）までに，その申告書に記載した税額を納付しなければならない（相法33）。たとえば，被相続人が8月27日に亡くなった場合，申告期限は翌年の6月27日となる。

国税の納付は，**金銭による一括納付**を原則とするが，相続税については，その性質上，申告期限までに完納が困難である場合も考えられるので，一定要件の下で**年賦による延納**が認められている（相法38①，措法70の10①）。

その場合，課税相続財産の価格のうちに不動産等の価格が占める割合により，延納期間は20年，15年，10年または5年，利子税の割合は1.2％，3.6％，4.2％，4.8％，5.4％または6.0％と定められている（相法52①，措法70の8③，70の9⑦，70の10②，93②）。

延納によってもなお相続税の金銭納付が困難である場合には，納付困難な金額を限度として，相続税の課税価格計算の基礎となった財産のうち，一定の財産を金銭に代えて納付することができる（相法41①）。これを**物納**という。物納の場合にも，申告期限までに「物納申請書」を提出しなければならない。

物納財産は「相続財産」に限られるが，相続財産であれば何でもよいというわけではない。物納に不適格とされる財産は除かれ，かつ，国内にある財産に限定される。そのうち，次のような順位で物納が行われる。

　　第一順位：国債，地方債，不動産，船舶
　　第二順位：社債，株式，証券投資信託・貸付信託の受益証券
　　第三順位：動産

後順位の相続財産であっても，(イ)税務署長が特別な事情を認める場合，(ロ)先順位の相続財産に適当な価額が存在しない場合には，物納に充当できる。

なお，「特定登録美術品」は，順位に関係なく，一定の書類を提出することにより物納に充てることができる。

第5章 消費税法

第1節　消費税の意義と納税義務者

　わが国の「消費税法」（昭和63年法律第108号）おける**消費税**は，「付加価値税」である。**付加価値税**とは，各取引段階の付加価値を課税標準として課される一般消費税である。ここに「付加価値」とは，製造，卸売，小売に至る各段階およびサービスが提供された段階で，当該事業により新たに付加した価値のことであり，各取引の前段階で納めた税額の控除を行うため「税の累積」は生じない。

　消費税の課税対象は，(1)国内取引（国内で事業者が事業として対価を得て行う資産の譲渡等）および(2)輸入取引（保税地域からの外国貨物の引取り）である（消法4①・②）。

　「国内取引」における**消費税の納税義務者**は，課税対象となる取引を行う個人事業者および法人である。「輸入取引」の納税義務者は，課税対象となる外国貨物を保税地域から引き取る者となる（消法5①・②）。

　なお，国外で行われる取引，国内における取引であっても事業者が対価を得ないで行う取引や事業者以外のものが行った取引は，**不課税取引**となり，消費税の課税対象にはならない。「不課税取引」には，たとえば，給与（消基通1-1-1），家事用資産の譲渡等（消基通5-1-8），損害賠償金（消基通5-2-5），会費（消基通5-5-3）等がある。

第2節　消費税の課税対象

1. 国内取引

「国内で行われる取引」における「国内」とは，消費税法の施行地をいう（消法2①一）。取引が国内において行われたかどうかの判定は，(a)資産の譲渡または貸付けと(b)役務の提供に分けて行う（消法4③一・二，消令6①・②）。

(a) 資産の譲渡または貸付けの場合，原則として，資産の譲渡または貸付けが行われた取引時における資産の所在していた場所である。ただし，譲渡・貸付けの対象が船舶・航空機・特許権等である場合には，登録機関の所在地等により判定し，当該所在地等が国内であれば国内取引となる。

(b) 役務の提供の場合には，原則として，役務の提供場所である。ただし，役務の提供が国際運輸・国際通信その他国内と国内以外の地域にわたって行われる場合，出発地・発送地または到着地，発信地または受信地等により判定し，当該場所が国内であれば国内取引となる。

消費税の課税対象は，「事業者が事業として行う取引」である。ここに**事業者**とは，個人事業者および法人をいい，**個人事業者**とは「事業」を行う個人をいう（消法2①三・四）。また，**事業**とは，同種の行為を反復・継続独立して遂行することであり，個人事業者が「消費者」として行う取引（たとえば，生活用資産の譲渡等）は「事業」取引には該当しない。法人が行う資産の譲渡，貸付けおよび役務の提供は，すべて（以下，「資産の譲渡等」という）「事業」取引に該当する（消基通5-1-1）。

「対価を得て行われる取引」とは，資産の譲渡，貸付けおよび役務の提供（以下，「資産の譲渡等」という）に対して反対給付を受ける取引をいう（消基通5-1-2）。つまり，「資産の譲渡等」とは，事業として対価を得て行われる資産の譲渡・貸付けおよび役務の提供をいう（消法2①ハ）。具体的には，下記のように定められている。

(イ) 資産の譲渡とは，資産の同一性を保持しつつ他人に移転させることをいい，資産の交換も含まれる（消基通5-2-1）。

(ロ)　資産の貸付けとは，資産に係る権利の設定，その他他者に資産を使用させる一切の行為をいう（消法2②）。
　(ハ)　役務の提供とは，サービスを提供することであり，具体的には土木工事，運送，印刷，広告，宿泊，飲食，著述等および弁護士・公認会計士・税理士・作家・スポーツ選手等のサービス提供も含まれる（消基通5-5-1）。

　したがって，無償による資産の譲渡，貸付けおよび役務の提供で行われる取引は課税対象とはならない。具体的には，損害賠償金，建物賃貸借契約の解除等に伴う立退料，剰余金の配当，寄附金・祝金・見舞金等がこれに該当する（消基通5-2-4～14）。ただし，個人事業者が行った棚卸資産または事業資産を家事のために消費し，または使用した場合，法人が行った役員に対する資産の贈与をした場合には，資産の譲渡とみなされる（消法4⑤）。
　この場合における対価とみなされる金額は，消費時，使用時または贈与時の資産の時価である（消法28②）。
　また，平成27年10月1日以後，「資産の譲渡等」から，特定資産の譲渡等（事業者向け電気通信利用役務の提供および特定役務の提供）に該当するものが除かれ，「特定仕入れ」（事業として他の者から受けた特定資産の譲渡等）が課税対象に加えられた（消法4①）。ここに**電気通信利用役務の提供**とは，インターネット等の電気通信回線を介して行われる電子書籍・音楽，ソフトウエア（ゲーム等の様々なアプリケーションを含む）の提供およびネット広告の配信等の役務の提供をいう（消法2①八の三）。また，**特定役務の提供**とは，国外事業者が行う演劇その他の政令で定める役務の提供をいう（消法2①八の五）。

2．輸入取引

　保税地域から引き取られる外国貨物には，消費税が課される（消法4②）。ここに**保税地域**とは，税関の輸入許可が下りる前の外国からの輸入貨物について関税を留保した状態で保管・加工・製造・展示等を行うことができる特定の場所や施設をいう（消法2①二，関法29）。
　また，**外国貨物**とは，外国から国内に到着した貨物で，輸入の許可を受ける前のものおよび輸出の許可を受けた貨物をいう（消法2①十，関法2①三）。

ただし，保税地域において外国貨物が消費され，または使用された場合には，その消費または使用を行った者がその消費または使用の時にその外国貨物を保税地域から引き取ったものとみなされる（消法4⑥）。

第3節　非課税取引と輸出免税

非課税取引とは，事業者の行う国内取引で，消費税の課税要件を満たす取引であっても課税対象とすることになじまない取引，社会政策的な配慮から課税することが不適当な取引をいう（消法6）。

国内取引において「取引の性質上課税になじまない取引」として，次のような取引が列挙されている（消令9～13，別表第一）。

(a) 土地の譲渡および貸付け（一時的に使用される場合等を除く）
(b) 有価証券の譲渡および支払手段等の譲渡
(c) 金融取引および保険料を対価とする役務の提供等
(d) 郵便切手類・印紙の譲渡および物品切手（商品券）等の譲渡
(e) 国，地方公共団体等が法令に基づき徴収する手数料等に係る役務の提供
(f) 外国為替業務に係る役務の提供

国内取引において「政策的配慮から除外されている取引」は，下記のような取引である（消令14～16，別表第一）。

(a) 公的医療保険制度に係る医療・療養
(b) 介護保険法，社会福祉法および更生保護法に規定する一定のサービス
(c) 助産に係る資産の譲渡等
(d) 埋葬料または火葬料を対価とする役務の提供
(e) 身体障害者用物品の譲渡，貸付け等
(f) 学校教育法上の学校，専修学校，各種学校等の教育施設の授業料，入学金，施設設備費，入学検定料，学籍証明等，手数料を対価とする役務の提供
(g) 学校教育法の規定による教科用図書
(h) 住宅の貸付（一時的に使用させる場合等を除く）

国内取引における**非課税貨物**として，保税地域から引き取られる外国貨物のうち，有価証券等，郵便切手類，印紙，証紙，物品切手等，身体障害者用物品，教

科用図書には消費税を課さない（消法6②，別表第二）。

なお，課税事業者が国内において行う課税資産の譲渡等のうち，次に掲げる輸出取引等は**輸出免税等**として消費税が免税される（消法7①一～五，消令17）。

  (イ) 本邦から輸出として行われる資産の譲渡または貸付け
  (ロ) 外国貨物の譲渡または貸付け
  (ハ) 国内および国内以外の地域にわたって行われる旅客，貨物の輸送，通信
  (ニ) 外航船舶等の譲渡，貸付けまたは修理
  (ホ) その他非住居者に対する役務の提供

第4節　小規模事業者の納税義務の免除（事業者免税点制度）

課税期間の「基準期間」における課税売上高（輸出売上高を含む）が1,000万円以下であり，かつ，「特定期間」における課税売上高が1,000万円以下（給与等の金額により判定する場合には，特定期間中に支払った給与等の金額の合計額が1,000万円以下）である**小規模事業者**に対しては，その年またはその事業年度に国内で行った課税資産の譲渡等については，消費税の納税義務が免除される（消法9，9の2）。これを**事業者免税点制度**という。

ここに**基準期間**とは，個人事業者についてはその年の前々年をいい，法人についてはその事業年度の前々事業年度をいう（消法2①十四）。**特定期間**とは，個人事業者では前年1月1日から6月30日までの半年間，法人では前年事業年度開始の日以後半年間である（消法9の2④）。

個人事業者および基準期間が1年である法人の基準期間における**課税売上高**とは，基準期間中に国内において行った課税資産の譲渡等の対価の額（税抜き）の合計額からその基準期間中の売上げに係る税抜対価の返還等の金額の合計額を控除した残額をいう（消法9の2②）。

「基準期間」が1年でない法人については，当該法人の当該基準期間に含まれる事業年度の月数の合計数で前述の残額を除し，これに12を乗じて計算した金額が基準期間における「課税売上高」となる（消法9②二，③）。また，個人事業者の新規開業年とその翌年，資本金または出資の金額が1,000万円未満の法人の設立事業年度とその翌事業年度では，基準期間の課税売上高がないため，**免税事業者**

となる。ただし、「特定期間」の課税売上高が1,000万円を超えるときは、「基準期間」の課税売上高が1,000万以下であっても、納税義務は免税されない（消法9の2①）。

「免税事業者」は、課税事業者を選択しようとする課税期間開始前に納税義務の免税措置を受けない旨の届出書を提出することにより、**課税事業者**となることを選択することができる（消法9④・⑥）。

なお、「基準期間」がない法人（たとえば新設法人）のうち、資本金または出資の金額が1,000万円以上である法人については、設立事業年度とその翌事業年度においては納税義務は免除されず、**課税事業者**となる（消法12の2）。

第5節　納税義務の成立時期

国内取引について、消費税の納税義務が成立するのは、課税資産の譲渡、貸付けおよび役務の提供を行ったときであり、輸入取引については外国貨物を保税地域から引き取るときである（消法5）。

ただし、長期割賦販売等に該当する資産の譲渡等を行った場合、**延払基準**により経理することにしているときは、その賦払金の支払期日の属する課税期間において資産の譲渡等を行ったものとすることができる（消法16①）。

また、長期大規模工事または工事の請負により行う資産の譲渡等を行う場合、その長期大規模工事の目的物のうち**工事進行基準**により経理しているときは、その課税期間において資産の譲渡等を行ったものとすることができる（消法17①）。

現金主義（所法67）により所得税の計算を行う**小規模事業者**については、資産の譲渡等および課税仕入れの時期は、その対価の額を収入した日および課税仕入れに係る費用の額の支出した日とすることができる（消法18①）。

第6節　消費税の課税標準と税率

国内取引に係る消費税の**課税標準**は、課税資産の譲渡等の対価の額である（消法28①）。ただし、下記の場合には、特例措置が設けられている。

(a) 法人が資産を役員へ譲渡し，対価の額が譲渡時における資産の価額に比して著しく低い場合には，低額譲渡時における資産の価額に相当する金額（時価）とみなされる（消法28①但書）。

(b) 個人事業者が棚卸資産または棚卸資産以外の資産で事業に供していた資産を家事消費した場合には，消費または使用の時における棚卸資産等の時価が対価の額とみなされる（消法28③一）。

(c) 法人が役員へ資産を贈与した場合には，贈与の時における資産に係る対価の額は，その資産の時価とみなされる（消法28③二）。

輸入取引に係る消費税の課税標準は，関税課税価格（CIF価格），消費税以外の個別消費税額および関税額の合計額である（消法28④）。

「課税事業者」は，課税資産の譲渡等を行う場合，あらかじめその資産または役務の価格を表示するときは，消費税額および地方消費税額の合計額を表示しなければならない（消法63）。ただし，平成25年10月1日から平成30年9月30日までの間には，一定の条件（事業者は現に表示されている価格が「税込価格」であると誤認させないための措置を講じている）に限り，**税込価格**を表示することを要しないとする特例が設けられている（消転措法10）。

消費税の税率は，6.3％である（消法29）。なお，**地方消費税の税率**は消費税額の63分の17（1.7％）であり，消費税と地方消費税を合わせた税率は8％となる（地法72の82，83）。

また，平成29年4月1日から「消費税の税率」は7.8％，「地方消費税の税率」は2.2％となり，合わせた税率は10％となる。ただし，生鮮食料品・加工食品（外食サービスを除く）および新聞は，消費税の税率を低く抑える**軽減税率**（消費税と地方消費税を合わせた税率8％）の対象となる。

第7節　仕入税額控除

1. 仕入税額控除の意義

「課税事業者」が国内において行う課税仕入れまたは保税地域から引き取る課税

貨物については，その課税仕入れを行った日または課税貨物を引き取った日の属する課税期間の課税標準額に対する消費税額（売上げに係る消費税額）から，当該課税期間中において行った課税仕入れに係る消費税額および保税地域から引き取った課税貨物について課された，または課されるべき消費税額の合計額を控除する（消法30①）。これを**仕入税額控除**という。

　すなわち，前段階の消費税が累積する**取引高税**ではなく，前段階税額（仕入税額）を控除する**付加価値税**が採用されている。

$$\text{納付税額} = \text{売上税額}^* - \text{仕入税額}^{**}$$

$$^*\text{売上税額} = \text{課税売上高} \times \text{税率}$$
$$^{**}\text{仕入税額} = \text{仕入高} \times \frac{\text{税率}}{1+\text{税率}}$$

　課税仕入れには，免税事業者および消費者からの仕入れも含まれる。課税仕入れに係る消費税額は，当該課税期間中の課税仕入れに係る支払対価の額に108分の6.3を乗じて算出する（消法30⑥前段）。また，「仕入税額控除」は，課税仕入れを行った日または課税貨物を引き取った日の属する課税期間において控除する（消法30，消令46〜50）。

　なお，国外事業者（登録国外事業者を除く）から受けた**電気通信利用役務の提供**（事業者向け電気通信利用役務の提供を除く）については，当分の間，仕入税額控除は適用されない。また，リバースチャージ方式については，(1)「課税売上割合」が95％以上であるときは，当分の間，特定課税仕入れはなかったものとし，(2)「簡易課税制度」の適用を受ける課税期間については，当分の間，特定課税仕入れはなかったものとする。ここに**リバースチャージ方式**とは，国外事業者から「事業者向け電気通信利用役務の提供」を受けた場合，サービスの受け手である国内事業者に消費税を課す方式である。

　事業者（免税事業者を除く）が，国内において行った課税仕入れについて仕入れに係る対価の返還等を受けた場合には，その対価の返還等を受けた日の属する課税期間において，その課税期間中の課税仕入れ等の税額の合計額から，仕入れに係る対価の返還等の金額に係る消費税額の合計額を一定の方法により控除した残額をその課税期間中の課税仕入れ等の税額の合計額とみなす（消法32）。

2. 仕入控除税額の計算方法

(1) 課税売上割合

課税売上割合とは，その課税期間中の国内における資産の譲渡等の対価の合計額に占める課税期間中の国内における課税資産の譲渡等の対価の額の合計額の占める割合をいう（消法30⑥後段）。なお，下記算式には，輸出取得等の免税売上高を含み，それぞれ税抜きの金額である。

$$課税売上割合 = \frac{課税資産の譲渡等の対価の額の合計課（対価の返還等を除く）}{資産の譲渡等の対価の額の合計額（対価の返還等を除く）}$$

課税売上高が5億円以下であり，かつ，「課税売上割合」が95％以上である場合には，課税仕入れ等の税額の全額を控除することができる（消法30①）。

課税売上高が5億円超または「課税売上割合」が95％未満の場合には，課税仕入れ等に係る消費税額の全額を控除することはできず，課税売上げに対応する部分のみが控除される（消法30②）。

(2) 計算方式

課税仕入れ等に係る消費税額の計算方式には，(イ)個別対応方式と，(ロ)一括比例配分方式（2年間継続適用）がある（消法30⑤）。

(イ) 個別対応方式

課税期間中の課税仕入れおよび課税地域から引き取った課税貨物について，(a)課税資産の譲渡等にのみ要するもの，(b)非課税資産の譲渡等にのみ要するもの，(c)上記(a)と(b)に共通して要するものに合理的に区分が明らかにされている場合には，下記の算式による**個別対応方式**で計算した額を仕入控除税額とする（消法30②一）。

　　　仕入控除税額＝（　(a)　）＋（　(c)　）× 課税売上割合
　　　　　(a)：課税売上げにのみ要する課税仕入れに係る消費税額
　　　　　(c)：課税売上げと非課税売上に共通して要する課税仕入れに係る消費税額

また，「個別対応方式」による場合には，課税売上割合に代えて，税務署長の承

認を受けた割合を用いて計算を行うことができる（消法30③，令47）。

(ロ) 一括比例配分方式

個別対応方式以外の場合には，**一括比例配分方式**による下記の算式によって，控除する消費税額を算出し，この税額を課税売上げに係る消費税額から控除して納付する消費税額を算出する（消法30②二）。

仕入控除税額＝課税仕入れ等の税額×課税売上割合

(3) 仕入控除税額の適用要件

「課税事業者」は，課税仕入れ等の税額の控除を受けるためには，課税仕入れ等の事実の帳簿への記録・保存および課税仕入れ等の事実を証する請求書等を保存しなければならない。災害その他やむを得ない事情があるため，これらの保存ができなかったことを事業者が証明した場合には，課税仕入れ等の税額の控除を受けることができる（消法30⑦）。

「課税事業者」は，帳簿を備え付けて資産の譲渡等または課税仕入れもしくは課税貨物の保税地域からの引き取りに関する事項を記録する（消法58，消令71）。作成した帳簿は，帳簿閉鎖の日の属する課税期間の末日の翌日から2カ月を経過した日から7年間保存しなければならない（消令71②）。ただし，最後の2年間には帳簿または請求書等のいずれかを保存すればよい。また，一定の要件を満たすマイクロフィルムによる保存も認められる（消令50）。

3. 簡易課税制度（仕入税額控除の特例）

事業者（免税事業者を除く）が，「基準期間」における課税売上高が5,000万円以下である課税期間に，所轄税務署長に「簡易課税制度」の適用を受ける旨の届出書を提出した場合には，その届出書を提出した日の属する課税期間の翌課税期間以後の課税期間については，当該課税期間の売上げに係る課税標準額に対する消費税額（売上げに係る消費税額）から当該課税期間の対価の返還等に係る消費税額の合計額を控除した残額に「みなし仕入率」を乗じた金額を「仕入控除税額」として控除することができる（消法37）。これを**簡易課税制度**という。

納付税額＝売上税額－売上税額×みなし仕入れ率

　ただし，課税選択により課税事業者となった課税期間の初日から２年を経過する日までに開始した各課税期間中および資本金の額または出資の金額が1,000万円以上である新設法人の「基準期間」がない事業年度において，調整対象固定資産の課税仕入れ等を行った場合には，当該課税仕入れ等を行った日の属する課税期間の初日から３年間には，「簡易課税制度」を選択できない（消法37②）。

　みなし仕入率は，図表5-1が示すように，業種により異なる（消令57）。第一種事業は卸売業，第二種事業は小売業をいう。第三種事業とは，農業・林業・漁業・鉱業・建設業・製造業（製造した棚卸資産を小売する事業を含む）・電気業（ガス業・熱供給業・水道業）をいい，加工賃その他これに類する料金を対価とする役務の提供を行う事業は除かれる。第四種事業には飲食店・金融保険業，第五種事業には運輸通信業・サービス業・金融・保険業，第六種事業には不動産業が該当する。

図表 5-1　みなし仕入率

業種	第一種事業	第二種事業	第三種事業	第四種事業	第五種事業	第六種事業
みなし仕入率	90%	80%	70%	60%	50%	40%

　なお，事業者が複数の事業を行っている場合の「みなし仕入率」は，原則として，下記算式のように，それぞれの事業区分ごとの売上げに係る消費税額にそれぞれの「みなし仕入率」を乗じたものの「加重平均値」となる。

　　加重平均値
　　＝（A × 90％ + B × 80％ + C × 70％ + D × 60％ + E × 50％ + F × 40％）÷(G)
　　　A＝第一種事業に係る消費税額　　B＝第二種事業に係る消費税額
　　　C＝第三種事業に係る消費税額　　D＝第四種事業に係る消費税額
　　　E＝第五種事業に係る消費税額　　F＝第六種事業に係る消費税額
　　　G＝A + B + C + D + E + F

　ただし，複数の事業を行っている場合の「みなし仕入率」の特例としては，下記の「みなし仕入率」を適用できる。
　(イ)　一事業に係る課税売上高が75％以上の場合のみなし仕入率の特例
　　　その課税期間における課税売上高のうち一事業に関わる課税売上高の占め

る割合が75％以上である事業者については，その一事業におけるみなし仕入率をその一事業以外に対しても適用することができる。
　㈡　二事業に係る課税売上高が75％以上の場合のみなし仕入率の特例
　　三以上の事業を営む事業で，その課税期間における課税売上高のうちに特定の二事業に係る課税売上高の占める割合が75％以上である事業者については，当該二事業に係るみなし仕入率のうち低い方のみなし仕入率を当該二事業以外の事業に対しても適用することができる。

　二種類以上の事業を営む事業者が，売上げの内容を事業ごとに区分していない場合には，当該区分していない売上げについては，「みなし仕入率」が低い方の事業とみなして計算する。なお，事業者（免税事業者を除く）が，国内において行った課税資産の譲渡等につき，売上げに係る対価の返還等をした場合には，当該売上げに係る対価の返還等をした日の属する課税期間の課税標準額に対する消費税額から，その対価の返還等の金額に係る消費税額の合計額を控除することができる（消法38）。

4. 貸倒れに係る消費税額の控除等

　事業者（免税事業者を除く）が国内において課税資産の譲渡等を行った場合において，当該課税資産の譲渡等の相手方に対する売掛金その他の債権につき「会社更生法」の更生計画認可の決定により切り捨てられたこと，その他一定の事実が生じたためその税込対価の全部または一部の領収をすることができなくなったときは，当該領収をすることができなくなった課税資産の譲渡等の税込対価の額に係る消費税額の合計額を控除する（消法39①）。

第8節　消費税の納税地

　「個人事業者」の資産の譲渡等に係る**消費税の納税地**は，原則として，下記の順位である（消法20）。
　　第一順位：国内に住所を有する場合（その住所地）
　　第二順位：国内に住所を有せず，居所を有する場合（その居所地）

第三順位：国内に住所および居所を有しない場合（国内における事務所，事業所その他これらに準じるものの所在地）

特例として，所得税法に定める納税地の特例に関する書類を提出して，居所地または事務所等の所在地を納税地としているときには，消費税においてもその居所地等が納税地となる（消法21）。

「内国法人の納税地」は，その本店または主たる事務所の所在地（国内に本店または主たる事務所を有する法人）である。内国法人以外の法人の納税地は，国内における事務所等などの所在地である（消法22 一，二）。

保税地域から引き取られる「外国貨物の納税地」は，課税貨物を引き取る保税地域の所在地である（消法26）。

第9節　消費税の申告・納付

1. 国内取引

消費税の課税期間は，個人事業者については暦年（1月～12月），法人については事業年度である。ただし，事業者の選択により，個人事業者については1月から3月まで，4月から6月まで，7月から9月までおよび10月から12月までの各期間，また，当該各期間を一月ごとの期間に変更することができ，暦年（1月～12月）の期間を一月ごとの期間に短縮することができる。法人については事業年度をその開始の日以後3カ月ごとに区分した各期間，また当該各期間を一月ごとの期間に変更することができ，事業年度が一月を超える法人では事業年度を期間を一月ごとの期間に短縮することができる。課税期間の短縮措置を受けた場合には，その後2年間には，当該措置の適用を受けることを止めることはできない（消法19）。

事業者（免税事業者を除く）は，「課税期間」ごと（短期の課税期間を選択している場合には，その短期の課税期間ごと）に課税期間の終了後2カ月以内に，所轄税務署長に確定申告書を提出するとともに，納付すべき消費税額および地方消費税額を国に納付しなければならない。その際，中間納付額がある場合には，そ

の納付すべき税額から控除する（消法45,49）。

　事業者（免税事業者・短期の課税期間を選択している者を除く）は，中間申告書を提出し，中間納付額を納付する（消法42,48）。ただし，直前の課税期間の確定消費税額が48万円以下である場合には，中間申告は不要である（消法42⑥）。

　中間申告による中間納付額がある場合には，申告の際にその中間納付額を控除することができ，その控除不足額がある場合には還付される（消法46）。

　課税期間中に行った国内における課税資産の譲渡等に対する消費税額から，仕入れに係る消費税額，売上げに係る対価の返還等をした金額に係る消費税額，貸倒れに係る消費税額を控除して控除不足額が生じたときに，申告により還付される（消法53）。

　なお，下記の事項に該当した場合には，その旨を記載した届出書を速やかに当該事業者の納税地を所轄する税務署長に提出する。

(1) 新たに課税期間の基準期間における課税売上高が1,000万円を超えることとなった場合には，事業者は「消費税課税事業者届出書」を提出する（消法57①一）。

(2) 新たに課税期間の基準期間における課税売上高が1,000万円以下となった場合には，事業者は「消費税の納税義務者でなくなった旨の届出書」を提出する（消法57①二）。

(3) 課税事業者が事業を廃止した場合には，事業者が「事業廃止届出書」を提出する（消法57①三）。

(4) 個人事業者（免税事業者を除く）が死亡した場合には，その死亡した個人事業者の相続人が「個人事業者の死亡届出書」を提出する（消法57①四）。

(5) 課税事業者である法人が合併により消滅した場合には，その合併に係る合併法人が「合併による法人の消滅届出書」を提出する（消法57①五）。

2. 輸入取引

　「申告納税方法」（関法6の2①一）による場合には，所定の事項を記載した申告書を所轄税関長に提出し，当該貨物を引き取るときまでに納付しなければならない（消法47①）。

　「賦課課税方式」（関法6の2①二）による場合には，課税貨物の品名，数量およ

び課税標準額等を記載した「課税標準額等申告書」を所轄税関長に提出しなければならないこととし，所轄税関長が引取りの際に消費税および地方消費税を徴収する（消法47②，50②）。

第6章
その他の主な国税法

第1節 酒 税 法

　酒類には,「酒税法」(昭和28年法律第6号) により**酒税**が課される (酒法1)。酒税の課税物件である**酒類**とは,「アルコール分1度以上の飲料をいう」と定義され,酒類は,発泡性酒類,醸造酒類,蒸留酒類および混成酒類の四種類に分類されている (酒法2①, ②)。

　酒税の納税義務者は酒類の製造者であり,その製造場から移出した酒類につき,酒税を納める義務がある (酒法6①)。輸入酒類については,酒類を保税地域から引き取る者 (酒類引取者) が,酒税を納める義務がある (酒法6②)。

　酒税の課税標準は,酒類の製造場から移出し,または保税地域から引き取る酒類の数量である (酒法22)。また,酒税の税率は酒類の種類別,品目別およびアルコール分等に応じて定められている (酒法23)。

　なお,酒類製造者は「酒税の納税申告書」を提出し,当該申告者の提出期限内に酒税を納付しなければならない (酒法30の2, 30の4)。

第2節 印 紙 税 法

　「印紙税法」(昭和42年法律第23号) によれば,**印紙税**の納税義務は「課税文書」を作成したときに成立するので,**印紙税の納税義務者**は「課税文書」の作成者であり,作成課税文書に印紙税を納める義務がある (印法3①)。

　印紙税の課税標準および**印紙税の税率**については,課税文書の種類ごとに印紙税額 (税率) が定められている (印法7)。たとえば,50億円を超える不動産の譲

渡に関する契約書1通につき60万円，記載された金額が100万円である約束手形1通につき200円，株式会社等の定款1冊につき4万円，貨物引換証1通につき200円，預金通帳等には1年ごとに200円の税率が課されている（印法別表1）。

なお，印紙税の納付は，原則として，課税文書に課されるべき印紙税に相当する金額の「収入印紙」を貼付することにより行う（印法8）。

第3節　登録免許税法

登録免許税は，「登録免許税法」（昭和42年法律第35号）別表に掲げる登記，登録，特許，免許，許可，認可，指定および技能証明（以下，「登記等」という）について課される（登法2）。

登録免許税の納税義務者は，「登記等」を受ける者である。「登記等」を受ける者が二人以上ある場合には，連帯して「登録免許税」を納付する義務がある（登法3）。

登録免許税の課税標準は，「登録等」の区分に応じ(1)不動産・船舶等の価格を課税標準とする件，(2)不動産の個数や登記の申告件数等の数量を課税標準とする件に分けられる（登法9）。すなわち，**登録免許税の税率**は，「登記等」の区分ごとに定められ，金額を課税標準とする**従価税**および数量を課税標準とする**従量税**に区別されている。

たとえば，建物の登記（売買）には，「不動産の価額」を課税標準として，税率は1,000分の20であり，支店設置の登記には，支店数を課税標準として税率は1箇所につき6万円である。株式会社の設立登記には，「資本金の額」を課税標準として税率は1件につき1,000分7（15万円に満たない場合，申請件数1件につき15万円），合名会社・合資会社の設立登記には，申請件数を課税標準として税率は1件につき6万円である。

なお，課税標準となる「不動産価額」は，市町村で管理している「固定資産課税台帳」の価格であり，「固定資産課税台帳」の価格がない場合には，登記官が認定した価格である。

第4節　たばこ税法

「たばこ税法」（昭和59年法律第72号）に規定されている**たばこ税**の課税物件は，「製造たばこ」である。ここに「製造たばこ」とは，「たばこ事業法」（昭和59年法律第68号）に規定する製造たばこであり，製造たばこには，(1)喫煙用の製造たばこ（第一種「紙巻たばこ」，等二種「パイプたばこ」，第三種「葉巻たばこ」，第四種「刻みたばこ」），(2)かみ用の製造たばこおよび(3)かぎ用の製造たばこに区分されている（た法2①，②）。

たばこ税の納税義務者は，製造たばこの製造者，製造たばこを保税地域から引き取る者である（た法4）。

たばこ税の課税標準は，製造たばこの製造場から移出し，または保税地域から引き取る製造たばこ（紙巻たばこ）の本数である（た法10）。この場合の製造たばこの本数は，図表6-1に示される区分・重量に応じて，たばこ1本に換算される。

図表 6-1　製造たばこの本数算定区分

区　　分	重　量
1　喫煙用の製造たばこ	
(イ)　パイプ・葉巻たばこ	1グラム
(ロ)　刻みたばこ	2グラム
2　かみ用・かぎ用の製造たばこ	2グラム

たばこ税の税率は千本につき5,302円であり，特定販売業者以外の者により保税地域から引き取られる製造たばこに係る税率は，千本につき11,424円である（た法11①・②）。

第5節　揮発油税法

揮発油税は，「揮発油税法」（昭和32年法律第55号）に基づいて揮発油に課される（揮法1）。ここに「揮発油」（ガソリン）とは，温度15度において0.8017を超えない比重を有する炭化水素油をいう（揮発法2①）。

「揮発油の製造者」は，その製造場から移出した揮発油につき，**揮発油税の納税義務者**として「揮発油税」を納める義務がある。また，揮発油を保税地域から引き取る者は，その引き取る揮発油につき「揮発油税」を納めなければならない（揮発法3）。

揮発油税の課税標準は，揮発油の製造場から移出した揮発油または保税地域から引き取る揮発油の数量から消費者に販売するまでに貯蔵および輸送により減少すべき揮発油の数量に相当する数量（1.35％）を控除した数量である（揮発法8）。また，**揮発油税の税率**は揮発油1キロリットルにつき 24,300 円である（揮発法9）。

第6節　石油ガス税法

石油ガス税は，「石油ガス税法」（昭和40年法律第156号）に基づいて，自動車用の石油ガス容器に充てんされる石油ガス（LPG）に課される（石ガス法3）。ここに，「石油ガス」とは，炭化水素（炭化水素とその他の物との混合物でその性状および用途が炭化水素に類するものを含む）で温度15度および1気圧において気状のもの（1分子を構成する炭素の原子の数が2個以下のものを主成分とするものを除く）をいう（石ガス法2①）。

石油ガス自動車用の石油ガス容器に充てんする者は，その石油ガスの充てん場から移出された課税石油ガスにつき，**石油ガス税の納税義務者**として石油ガス税を納めなければならない（石ガス法4①）。また，課税石油ガスを保税地域から引き取る者は，その引き取る課税石油ガスにつき石油ガス税を納める義務がある（石ガス法4②）。

石油ガス税の課税標準は石油ガスの充てん場から移出しまたは保税地域から引き取る課税石油ガスの重量である（石ガス法9）。**石油ガス税の税率**は，課税石油ガス1キログラムにつき 17 円 50 銭である（石ガス法10）。

第7節　航空機燃料税法

航空機燃料には，「航空機燃料税法」（昭和47年法律第7号）によって**航空機燃料**

税が課される（航燃法3）。ここに「航空機燃料」（発動機燃料を含む）とは、航空機の燃料用に供される炭化水素油（炭化水素とその他の物との混合物または単一の炭化水素を含む）をいう（航燃法2）。

航空機燃料税の納税義務者は航空機の所有者であり、当該航空機に積み込まれた航空機燃料につき「航空機燃料税」を納める義務がある。ただし、当該航空機の所有者以外の者が「航空法」（昭和27年法律第231号）に規定する使用者であることが賃貸借契約・使用貸借契約その他の契約により明らかである場合には、当該航空機に積み込まれた航空機燃料については、当該使用者が「航空機燃料税」を納める義務がある（航燃法4①）。

航空機燃料税の課税標準は、航空機に積み込まれた航空機燃料の数量である（航燃法10）。また、**航空機燃料税の税率**は、航空機燃料1キロリットルにつき26,000円である（航燃法11）。

第8節　石油税法

原油および石油製品には、「石油税法」（昭和53年法律第25号）に従って**石油税**が課される（油法3）。

石油税の納税義務者は原油の採取者であり、その採取場から移出した原油につき石油税を納める義務がある。また、原油および石油製品を保税地域から引き取る者も、その引き取る原油等につき「石油税の納税義務者」として石油税を納める義務がある（油法4）。

石油税の課税標準は、下記のように定められた金額である（油法8）。

(1) 原油の採取者がその採取場から移出した原油については、その原油の採取者が当該原油を当該移出時において通常の卸取引数量により、かつ、通常の卸取引形態により、その採取場で行うと否とを問わず、あらゆる購入者に対して自由に販売・提供するものとした場合における当該原油の販売価格に相当する金額である。

(2) 保税地域から引き取られる原油については、当該原油につき「関税定率法」（明治43年法律第54号）第4条（保税価格）の規定に準じて算出した価格に当該原油に係る関税の額に相当する金額を加算した金額である。

(3) 保税地域から引き取られる石油製品については，当該石油製品につき「関税定率法」第4条の規定に準じて算出した価格に当該石油製品に係る関税の額に相当する金額を加算した金額に，当該石油製品が本邦において関税納付済み原油から製造されたとした場合における，当該製造がされた製品の価格に含まれる関税納付済み原油の価格の当該製品の価格に対する割合に相当するものとして，政令で定める割合を乗じて算出した金額である。

なお，**石油税の税率**は上記金額の 100 分の 3.5 である（油法9）。

第9節　自動車重量税法

検査自動車および届出軽自動車には，「自動車重量税法」（昭和46年法律第89号）に従って**自動車重量税**が課される（自重法3）。

自動車重量税の納税義務者は，自動車検査証の交付等を受ける者および車両番号の指定を受ける者である（自重法4）。

自動車重量税の課税標準は，検査自動車および届出軽自動車の数量である。また，**自動車重量税の税率**は，検査自動車のうち自動車検査証の有効期間が3年と定められている乗用自動車（軽自動車7,500円，二輪の小型自動車4,500円を除く）については，(1)車両重量が0.5トン以下のものは7,500円，(2)車両重量が0.5トンを超えるものは車両重量0.5トンまたはその端数ごとに7,500円である（自重法7）。

第10節　関　税　法

輸入物品には，「関税法」（昭和29年法律第61号）に従って**関税**が課される（関法3）。ここに「輸入」とは，外国から本邦に到着した貨物または輸出の許可を受けた貨物を本邦に引き取ることをいう。

関税の納税義務者は，「関税法」または「関税定率法」その他関税に関する法律に別段の規定がある場合を除き，貨物を輸入する者である（関法6）。

関税の課税標準は，輸入物品の価格または数量である（関定法3）。関税を課す場

合の課税物件としての貨物の性質および数量は，当該貨物の輸入申告のときにおける現況による。また，輸入物品に賦課される**関税の税率**には，①基本税率（関定法3別表），②暫定税率（関暫措法2），③その他の税率がある（関法49）。

第11節　と ん 税 法

外国貿易船の開港への入港には，「とん税法」（明治32年法律第88号）に従って**とん税**が課される（とん法1）。

とん税の納税義務者は，原則として，外国貿易船の船長（または船長に代わってその職務を行う者）である（とん法4）。また，税関長の承認を受けた場合には，船長以外の者または運航者が代わりに納税することができる（とん法4②）。

とん税の課税標準は，外国貿易船の純トン数である。また，**とん税の税率**は，(1)開港への入港ごとに納付する場合には，純トン数1トンまでごとに16円，(2)開港ごとに1年分を一時に納付する場合には，純トン数1トンまでごとに48円である（とん法3）。

第7章 地方税法

第1節 道府県税

1. 道府県民税

(1) 個人の道府県民税

　道府県内に住所を有する個人は，**道府県民税**の納税義務者として，「均等割」と「所得割」の合計額を納付し，道府県内に住所を有しない場合でも，道府県内に事務所，事業所または家屋敷を有する個人は「均等割額」を納付する（地法24①一・二）。「均等割額」は，応益性の観点から，納税者の所得金額にかかわらず一定の税額で課税される。一方，「所得割額」の場合には，納税者の所得金額（担税力）に応じて税額が算定されるため，応能性に応じて課税される。

　この場合，**均等割**は，1,000円を「標準税率」として，「条例」で定める一定額を上乗せした金額となる（地法38）。たとえば，大阪府では300円，鳥取県では500円，福島県では1,000円が「標準税率」に加算されている。なお，平成26年度から平成35年度までの間では，東日本大震災からの復興財源確保のために，すべての都道府県において「標準税率」が1,500円に引き上げられている（復興財源地方臨特法2）。

　所得割を算定する際の所得金額の計算は，原則として，「所得税法」の規定により計算した金額となるが，所得税法と異なる取扱いもある。所得税法と異なる取扱いは，次のとおりである。

　① 配当所得に対する課税：配当課税に関して分離課税が選択された場合で

あっても，道府県民税における配当所得はすべて他の所得と合算して課税される。
② 割引債の償還差益に対する課税：所得税において，源泉分離された割引債の償還差益は，道府県民税の課税対象とはならない。
③ 所得控除額の差異：雑損控除，医療費控除，社会保険料控除，小規模企業共済等掛金控除以外の所得控除は，所得税法において付与される控除額より少額に設定されている。たとえば，一般の扶養控除額は，所得税法では38万円であるが，個人の道府県民税では33万円の控除額が設定されている。

所得割の税率として，合計所得金額に4％の標準税率が適用される（地法35①）。

個人の道府県民税には，「賦課課税方式」が採用されているため，課税権者である市町村長（道府県から委託されている）が税額を計算し，市町村民税と合算して納税者に通知し，定められた期限までに納税する（地法1①六・七・九，41）。つまり，所得税の確定申告書を提出する者は，申告書の一部が税務署から市区町村に届けられ，給与所得者は，源泉徴収義務者から市区町村に給与支払報告書が届けられる。

給与所得者の道府県民税は，毎年6月から翌年5月までの12回に分けて給料から差し引かれることにより，徴収（特別徴収）される。給与所得者以外の者は，6月，8月，10月，翌年1月に分けて徴収（普通徴収）される。

なお，その年分の所得に課税する**現年所得課税**を採用する所得税と異なり，道府県民税は，退職所得を除いて，前年中の所得について課税する**前年所得課税**が採用されている（地法32①・②）。

(2) 法人の道府県民税

道府県内に事務所または事業所を有する法人は，「道府県民税」の納税義務者として，「均等割」と「法人税割」の合計額を納付する。なお，①当該道府県内に事務所または事業所を有しないが，寮，宿泊所，クラブその他これらに類する施設を有する法人，②道府県内に事務所または寮等を有する法人でない社団または財団で代表者または管理人の定めのある者は，均等割を納付する（地法24①三・四）。

法人の場合には，道府県に対して，「均等割額」と「法人税割額」を自ら計算して申告・納付する「申告納税方式」が採用されている（地法53-65）。

図表 7-1　法人道府県民税における均等割の税率

資本金等の額	税額（年額）
50億円超	80万円
10億円超 50億円以下	54万円
1億円超 10億円以下	13万円
1,000万円超 1億円以下	5万円
1,000万円以下	2万円

　均等割の税額は，図表7-1で示すように，「資本金等の額」に応じて5段階で算定される（地法52）。

　法人税割の標準税率は3.2%であり，制限税率は4.2%である（地法51①）。

(3) 利子等にかかる道府県民税

　「利子等にかかる道府県民税」の納税義務者は，個人・法人である。なお，平成25年度の税制改正において，法人が平成28年1月1日以後に支払いを受けるべき利子等に対しては，課税されない（地法24①五）。

　支払いを受けるべき利子等の額に応じて課税する道府県民税を**利子割**といい，5%の税率が適用される（地法71の6①）。

　「利子割」は，個人・法人の区別なく，**分離課税方式**により課税される。法人所得に対しては，利子割・法人税割の両方が課されることから，二重課税を排除するために法人税割から利子割を控除（控除しきれない場合には，還付）する（地法53㉖，㊴-㊵）。

　なお，利子割は道府県・市町村共通の財源であるが，事務手続きの簡素化から道府県が徴収し，徴収した5%のうち3%分が市町村に交付される（地法71の26）。

2. 事 業 税

(1) 個人の事業税

　事業税は，行政サービスを受益している個人・法人の事業に対し，所得または収入金額を課税標準として，道府県に納税する税である。

　個人事業税の納税義務者は，第1種事業，第2種事業または第3種事業を行う

個人である（地法72の2③，⑧）。

「第1種事業」とは，物品販売業，保険業，金銭貸付業，不動産貸付業，製造業，運送業，駐車場業，出版業，旅館業，飲食店業，演劇興行業，商品取引業，不動産売買業等である（地法72の2⑧，地令10の3）。「第2種事業」とは，畜産業，水産業および薪炭製造業（農業を除く）であり，主として自営労力を用いて行うもの以外のものである（地法72の2⑨，地令12）。「第3種事業」とは，医業，歯科医業，薬剤師業，弁護士業，行政書士業，公認会計士業，税理士業，社会保険労務士業，コンサルタント業，不動産鑑定業，デザイン業，諸芸師匠業，美容業，クリーニング業，歯科技工士業，測量士業等である（地法72の2⑩，地令14）。

課税標準は，原則として，前年中の事業所得が課税対象となり，事業に係る総収入金額から必要経費を控除した額である（地法72の49の12①）。

個人事業に対する**事業税の標準税率**は，以下のとおりである（地法72の49の17①）。

---
① 第1種事業：5%　　②第2種事：4%
③ 第3種事業：5%（あんま・マッサージ・指圧・はり・きゅう・柔道整復・その他の医業に類する事業，装蹄師業には3%）

なお，制限税率は，標準税率の1.1倍となっている（地法72の49の17③）。個人の事業税には，道府県民税と同様に，「賦課課税方式」が採用されている。原則として，8月・11月末日に普通徴収される。

(2) 法人の事業税

法人事業税の納税義務者は，事業を行うすべての法人，法人でない社団または財団で代表者または管理人の定めがあり，かつ，収益事業を行う者である。法人の区分に応じて，納税額が算定される（地法72の2）。

法人事業税の課税標準は，電気供給業・ガス供給業・保険業には各事業年度の収入金額であり，その他の法人には，各区分に応じた金額である（地法72条の12）。すなわち，当該3事業以外の事業を行う法人であり，資本金の額または出資金の額が1億円超である**大法人**（**外形課税対象法人**）は，各事業年度の付加価値額に基づく**付加価値割**，各事業年度の資本金等の額に基づく**資本割**，各事業年度の所得に基づく**所得割**に応じて課税される。当該3事業と外形課税対象法人のいずれ

にも該当しない法人（たとえば，資本金の額が1億円以下である**中小法人**）には，「所得割」によって課税標準が算定される（地法72の13）。

法人事業税の標準税率は，各区分ごとに設定されている（地法72の22②）。

(a)	収入割（電気供給業・ガス供給業・保険業）：	0.9%
(b)	付加価値割：	7.2%
(c)	資本割：	0.3%
(d)	所得割：所得のうち年400万円以下	1.6%
	所得のうち年400万円超800万円以下	2.3%
	所得のうち年800万円超および清算所得	3.1%
(e)	特別法人（協同組合等・医療法人）	
	所得のうち年400万円以下	3.4%
	所得のうち年400万円超	4.6%

法人の事業税は，法人の道府県民税と同様に，「申告納税方式」が採用されており，法人自ら計算した金額が道府県に申告・納付される。

3. 地方消費税

地方消費税は，活力ある豊かな福祉社会の実現を目指す税制改革の一環として，地方税源の充実を図るため，「消費贈与税」に代えて施行された道府県税である。納税義務者および課税標準は，国税の消費税と同じであり，消費一般に対して，広く公平に負担が求められる税である。

地方消費税の納税義務者は，消費税法第2条第1項第9号に規定する課税資産の譲渡等を行った個人および法人と消費税法第2条第1項第11号に規定する課税貨物を保税地域から引き取る者である。

地方消費税の課税標準には，課税資産の譲渡等に係る消費税額から，仕入れ等に係る消費税額を控除した消費税額を課税対象とする**譲渡割**と課税貨物に係る消費税額を課税対象とする**貨物割**がある（地法72の77・78）。「譲渡割」・「貨物割」ともに消費税と併せて賦課徴収される。

地方消費税の税率は，消費税額の63分の17（消費税率換算1.7%）である（地法72の83）。

4. 不動産取得税

不動産取得税は，不動産の取得に対して課される道府県税である。「固定資産税」が不動産の所有に対して課される財産税であるのに対し，「不動産取得税」は不動産の取得に対して課される流通税である。

不動産取得税の納税義務者は，不動産の取得者である（地法73の2）。ここに，「不動産」とは，土地および家屋を総称するものであり，土地には，立木その他土地の定着物は含まれない（「地方税法の施行に関する取扱について（道府県関係）」5-2(1)）。「不動産の取得」は，たとえば，①家屋の新築の場合，当該家屋の最初の使用または譲渡が行われた日において，②家屋の改築により当該家屋の価値が増加した場合には，当該改築によって行われたとみなされる（地法73の2②・③）。

不動産取得税の課税標準は，不動産を取得したときにおける不動産の価格である（地法73の13①）。固定資産課税台帳に価格が登録されている不動産は，その登録されている価格となる。ただし，増築，改築，損壊，地目の変換その他特別の事情がある場合の不動産，固定資産課税台帳に価格が登録されていない不動産は，道府県知事が固定資産評価基準によって価格を決定する（地法73の21①・②）。

不動産取得税の標準税率は，4％である（地法73の15）。ただし，特例措置として，土地を取得した者が3年以内にその土地の上にある住宅を取得した場合，土地を取得した日前1年以内にその土地の上にある住宅を取得した場合，新築された特例適用住宅であり，まだ人の居住に供されていない住宅に係る土地を新築後1年以内に取得した場合には，150万円に税率を乗じて算出された金額および土地の課税標準額の2分の1に税率を乗じて算出された金額のうち，高い額が減額される（地法73の24①，地附11の5②）。

なお，10万円未満の土地の取得，家屋の取得のうち23万円未満の建築等には，不動産取得税は課税されない（地法73の15の2①）。

5. 自動車税

自動車税とは，自動車（軽自動車税の課税客体である自動車および大型特殊自動車を除く）に対して課される道府県税である（地法145①，地令44）。

課税客体は自動車であり，**自動車税の納税義務者**は自動車の所有者である（自

動車について所有権留保付売買があったときは，買主を所有者とみなす）。ただし，国，非課税独立行政法人，国立大学法人等，日本年金機構，都道府県，市町村，特別区，これらの組合，財産区および地方開発事業団，合併特例区および地方独立行政法人に対しては，自動車税を課することができない。また，日本赤十字社が所有する自動車のうち，救急自動車等に類するもので道府県の条例を定めるものに対しても，自動車税を課すことはできない（地法146①・②）。

　自動車税の標準税率は，乗用車，トラック，バスおよび三輪の小型自動車に分け，営業用車両と自家用車両ごとに年額で決められている。たとえば，総排気量6リットルを超える自家用乗用車には年額111,000円，積載量8トンを超える営業用トラックには年額29,500円，乗車人数30人以下の営業用バスには年額12,000円である。各都道府県は，標準税率を基準にして「条例」で税率を定めることになるが，標準税率と異なる税率で自動車税を課する場合には，標準税率にそれぞれ1.5％を乗じて得た税率を超えて課税できない（地法147④）。

6. その他の道府県税

(1) 道府県たばこ税

　道府県たばこ税とは，製造たばこを小売業者（消費者）に売り渡す場合に，たばこを売り渡す卸販売業者等に課される道府県民税である。**道府県たばこ税の納税義務者**は製造たばこの製造者，特定販売業者または卸販売業者である（地法74の2①）。

　道府県たばこ税の課税標準は，売渡しまたは消費等に係る製造たばこの本数である（地法74の4①）。この場合の製造たばこの本数は，国税のたばこ税と同様に，区分・重量（163頁の図表6-1参照）に応じて，たばこ1本に換算される。**道府県たばこ税の税率**は，1,000本につき860円である（地法74の5）。

(2) ゴルフ場利用税

　ゴルフ場利用税は，ゴルフ場所在の都道府県が課する都道府県税であり，**ゴルフ場利用税の納税義務者**はゴルフ場の利用者である（地法75）。

　ゴルフ場利用税の課税標準は，ホール数が18ホール以上であり，コースの総延

長をホール数で除して算出された「ホール平均距離」が100メートル以上の施設およびホール数が9ホール以上であり，ホール平均距離が150メートル以上の施設である（「地方税法の施行に関する取扱について（道府県関係）」7-1）。

ゴルフ場利用税の標準税率は，1人1日につき800円である。ゴルフ場の整備状況等に応じて，数段階の税率区分を設けることができるが，制限税率である1,200円を超えることはできない（地法76）。

(3) 鉱 区 税

鉱区税は，鉱区権を有する者を**納税義務者**として，鉱区所在の都道府県が課する都道府県税である。**鉱区税の課税標準**は，鉱区の面積となる（地法178）。

鉱区税の税率は，各鉱区について，それぞれ次のように定められている（地法180）。

(a) 砂鉱を目的としない鉱業権の鉱区	
試掘鉱区	面積100アールごとに年額200円
採掘鉱区	面積100アールごとに年額200円
(b) 砂鉱を目的とする鉱業権の鉱区	面積100アールごとに年額200円

なお，砂鉱区のうち，河床(かしょう)に存するもので延長が表示されているものは，1,000メートルごとに年額600円の税率が課される。石油または可燃性天然ガスを目的とする鉱業権の鉱区は，(a)の税率の3分の2となる。

(4) 狩 猟 税

狩猟税は，鳥獣の保護・狩猟に関する行政のために都道府県が課する「目的税」である。**狩猟税の納税義務者**は，狩猟者の登録を受ける者である（地法700の51）。

狩猟税の税率は，狩猟者の有する免許の種類に応じて，次のように定められている（地法700の52）。

(a) 第1種猟銃免許	
(イ) 下記(ロ)以外の者	16,500円
(ロ) その年度の道府県民税所得割額の納付を要しない者のうち，控除対象配偶者または扶養親族に該当する者以外の者	11,000円
(b) 網・なわ猟免許	

(イ)	下記(ロ)以外の者	8,200 円
(ロ)	その年度の道府県民税の所得割額の納付を要しない者のうち，控除対象配偶者または扶養親族に該当する者以外の者	5,500 円
(c)	第2種銃猟免許	5,500 円

第2節　市町村税

1. 市町村民税

(1) 個人の市町村民税

　市町村内に住所を有する個人に対して，「均等割額」および「所得割額」の合算により**市町村民税**が課される。その市町村内に住所を有しない者であっても，市町村内に事務所，事業所または家屋敷を有する個人には「均等割額」が課される（地法294）。

　市町村民税の均等割では，標準税率のみが定められており，市町村民税は3,000円である（地法310）。市町村は，この標準税率を基準にして「条例」で均等割の税率を定める。なお，平成26年度から平成35年度までの間では，東日本大震災からの復興目的特別税による臨時措置が採られ，同期間内の標準税率は3,500円となる（復興財源地方臨特法2）。

　個人の**市町村民税の所得割**は，前年の所得金額に応じて課税される。「所得金額」とは，総所得金額，退職所得金額および山林所得金額であり，所得割の計算は次のとおりである（地法313）。

　　所得割＝（所得金額－所得控除）×税率－税額控除

　「所得割」の標準税率は6％であり，課税総所得金額，課税退職所得金額および課税山林所得金額の合計額に対して適用される（地法314の3）。

図表 7-2　法人等の市町村税の均等割の税率

法人等の区分	税率（年額）
資本金等の金額が 50 億円を超える法人で市町村内に有する事務所等の従業員数が 50 人を超えるもの	300 万円
資本金等の金額が 10 億円を超え 50 億円以下である法人で市町村内に有する事務所等の従業員数が 50 人を超えるもの	175 万円
資本金等の金額が 10 億円を超える法人で市町村内に有する事務所等の従業員数が 50 人以下であるもの	41 万円
資本金等の金額が 1 億円を超え 10 億円以下である法人で市町村内に有する事務所等の従業員数が 50 人を超えるもの	40 万円
資本金等の金額が 1 億円を超え 10 億円以下である法人で市町村内に有する事務所等の従業員数が 50 人以下であるもの	16 万円
資本金等の金額が 1 千万円を超え 1 億円以下である法人で市町村内に有する事務所等の従業員数が 50 人を超えるもの	15 万円
資本金等の金額が 1 千万円を超え 1 億円以下である法人で市町村内に有する事務所等の従業員数が 50 人以下であるもの	13 万円
資本金等の金額が 1 千万円以下である法人で市町村内に有する事務所等の従業員数が 50 人を超えるもの	12 万円
その他の法人	5 万円

(2) **法人等の市町村民税**

　市町村内に事務所または事業所を有する法人に対して，「均等割額」と「法人税割額」の合算により**法人等の市町村民税**が課税される。市町村内に事務所または事業所を有しない法人であっても，市町村内に寮等を有する法人や市町村内に事務所または寮等を有する法人でない社団または財団で代表者等の定めがあるものには，「均等割額」が課される（地法 294）。法人等の均等割額の標準税率は，図表7-2 に示される（地法 312 ①）。

　法人税割額は法人税額を課税標準として算出され，「標準税率」は 9.7％，「制限税率」は 12.1％である（地法 314 の 4）。

2.　固定資産税

　固定資産税は，固定資産に対し当該固定資産所在の市町村において課される。「固定資産」とは，土地，家屋および償却資産の総称である。ただし，償却資産の

うち，自動車税の課税客体である自動車および軽自動車税の課税客体である原動機付自転車・軽自動車・小型自動車は除かれる（地法341）。

固定資産税の納税義務者は，固定資産の所有者である。「所有者」とは，賦課期日現在で土地および家屋の登記簿または補充課税台帳に所有者として登記または登録されている者をいう。償却資産については，賦課期日現在で償却資産課税台帳に所有者として登録されている者をいう（地法343①・②・③）。

固定資産税の課税標準は，その土地または家屋の基準年度（昭和31年度および昭和33年度ならびに昭和33年度から起算して3年度または3の倍数年度を経過したごとの年度をいい，直近の基準年度は平成27年度である）の価格であり，土地課税台帳等または家屋課税台帳等に登録されたものである。第2年度（翌年度）・第3年度（翌々年度）においては，原則として，当該基準年度の価格となる。**固定資産税の標準税率**は1.4％，制限税率は1.7％である（地法349,350①・②）。

3. 特別土地保有税

特別土地保有税とは，土地またはその取得に対し，当該土地所在の市町村において，当該土地の所有者または取得者に課される（地法585）。土地に対して課する「特別土地保有税」に関しては，1月1日においてその土地の取得をした日以後10年を経過したものについては適用されない。

特別土地保有税の課税標準は，土地の取得価額である。無償または著しく低価額による土地の取得で，その他特別の事情がある場合における土地の取得で政令に定めるものについては，その土地の取得価額として政令に定めるところにより算定した金額を土地の取得価額とする（地法593①・②）。

特別土地保有税の税率は，「土地」に対して課する場合には1.4％であり，「土地の取得」に対して課される場合には3％の税率が適用される（地法594）。

4. 事業所税

事業所税は，特定の大都市の都市環境の整備および改善に関する事業に充てられる市町村税である。

事業所税の納税義務者は，事業所等において事業を行う者である。課税団体

は，次のような指定都市等である（地法701の30，31①一，735，地令56の15）。

① 東京都23区
② 「地方自治法」第252条の19第1項の市（指定都市）
③ 「首都圏整備法」第2条第3項に規定する既成市街地または「近畿圏整備法」第2条第3項に規定する既成都市区域を有する市
④ 上記以外の市で人口300,000人以上の政令で指定する市

事業所税の課税標準には，「資産割」と「従業者割」がある。**資産割**は，事業年度末日現在の事業所床面積が基準となり，**従業者割**は，その事業年度中に支払われた従業員給与総額が基準となる。

事業所税の税率は，資産割の場合，事業所床面積1㎡につき600円，従業員割の場合，従業員給与総額の0.25％が適用される（地法701の40，701の42）。

なお，免税点が設定されており，「資産割」では事業所面積が1,000㎡以下，「従業者割」では従業者が100人以下である場合に免税となる（地法701の43①）。

5. 軽自動車税

軽自動車税は，軽自動車税等に対して，主たる定置場所の市町村で所有者に課される市町村税である。ここに「軽自動車等」とは，原動機付自転車，軽自動車，小型特殊自動車および二輪の小型自動車をいう（地法442の2）。

軽自動車税の課税標準は，軽自動車等1台にそれぞれ定められており，軽自動車等ごとに年額で決められている。**軽自動車税の標準税率**は，たとえば，総排気量90ccを超える二輪の原動機付自転車には年額1,600円，四輪の貨物用軽自動車（営業用）には年額3,800円である。なお，標準税率の1.5倍を超える税率は設定できない（地法444①・②）。

6. その他の市町村税

(1) 市町村たばこ税

市町村たばこ税とは，製造たばこを小売業者（消費者）に売り渡す場合に，たばこを売り渡す卸販売業者等に課される市町村民税をいう。**市町村たばこ税の納**

税義務者は,「道府県たばこ税」と同様に,製造たばこの製造者,特定販売業者または卸販売業者である(地法464①〜⑤)。

課税標準となる製造たばこの本数計算も,「道府県たばこ税」と同様の基準で行われる。**市町村たばこ税の税率**は,1,000本につき5,262円である(地法467,468)。

(2) 鉱産税

鉱産税は,鉱物掘採事業の作業場所在地のある市町村または特別区が課する市町村税である。**鉱産税の納税義務者**は,鉱業者である。

鉱産税の課税標準は鉱物価格であり,価格を課税標準としている点で,鉱物掘採事業に対する外形標準課税ともいえる(地法519)。

鉱産税の標準税率は1%であり,制限税率は1.2%である(地法520①・②)。

(3) 入湯税

入湯税は,鉱泉浴場所在の市町村または特別区によって,環境衛生施設,鉱泉源の保護管理施設および消防士施設の整備,観光の振興のために課される「目的税」である(地法701)。

入湯税の納税義務者は,鉱泉浴場の入湯者である。なお,**入湯税の税率**は,1人1日当たり150円である(地法701の2)。

(4) 都市計画税

都市計画税は,市町村が都市計画事業または土地区画整理事業を行う際,当該事業に充てるために課する「目的税」である(地法702①)。

都市計画税の納税義務者は,課税区域内に所在する土地および家屋の所有者であり,**都市計画税の課税標準**は,土地または家屋に係る「固定資産税」の課税標準となるべき価格である(地法702②)。

都市計画税の税率は,各市町村の条例により定められるが,0.3%を超えることができない(地法702の4)。

(5) 水利地益税

水利地益税は,水利に関する事業,都市計画法に基づく事業,林道に関する事業等の実施に要する費用に充てるために市町村または特別区が課す「目的税」で

ある（地法703①）。

水利に関する事業，都市計画法に基づく事業，林道に関する事業等により，特に利益を受ける土地または家屋の所有者が**水利地益税の納税義務者**となる。**水利地益税の課税標準**は，当該土地または家屋の面積である（地法703の2）。

水利地益税の税率，納期，徴収方法は，各市町村の条例で定められる。

(6) 共同施設税

共同施設税は，共同作業場，共同倉庫，共同集荷場，汚物処理施設等の施設に要する費用に充てるために市区町村が課す「目的税」である。**共同施設税の納税義務者**は共同作業場，共同倉庫，共同集荷場，汚物処理施設等の施設より特に利益を受ける者であり，課税標準，税率，納期および徴収方法は，各市町村の条例で定められる（地法703の2）。

(7) 宅地開発税

宅地開発税は，宅地開発に伴い必要となる費用に充てるために市区町村が課す「目的税」である。**宅地開発税の納税義務者**は，区域内における所有権の権原により宅地開発を行う者であり，宅地開発に係る面積を**宅地開発税の課税標準**とする（地法703の3①）。

宅地開発税の税率は，当該宅地開発に伴い必要となる公共施設の整備費や公共施設からの受益状況等を参酌して市区町村の条例で定められる（地法703の3②）。

(8) 国民健康保険税

国民健康保険税は，国民健康保険を行う市町村または特別区が国民健康保険に要する費用に充てるために，被保険者である世帯主を**国民健康保険税の納税義務者**として課す「目的税」である。国民健康保険税は，地方税として位置づけられているが，実質的には，医療保険である国民健康保険の財源を賄うための社会保険料であり，他の地方税とは異なる方法で課税される（地法703の4①）

国民健康保険税の課税総額は，基礎課税額・後期高齢者支援金等課税額・介護納付金課税額の合計金額となる（地法703の4②）。

「基礎課税額」は，国民健康保険に要する費用に充てるため，国民健康保険の被保険者である世帯主および当該世帯に属する被保険者について算定した金額で

ある。

「後期高齢者支援金等課税額」は，後期高齢者支援金等の納付に要する費用に充てるため，国民健康保険の被保険者である世帯主および当該世帯に属する被保険者について算定した金額である。

「介護納付金課税額」は，介護納付金の納付に要する費用に充てるため，介護納付金課税被保険者である世帯主および当該世帯に属する被保険者について算定した金額である。

標準基礎課税総額は，①「国民健康保険法」の規定による療養の給付，入院時食事療養費，訪問看護療養費，特別療養費等の見込額から当該療養の給付についての一部負担金の総額見込額を控除した額の65％に相当する金額，②「老人保護法」の規定による拠出金から当該費用に係る国の負担見込額を控除した金額の合計金額である（地法703の4③）。

国民健康保険税の基礎課税額と介護納付金課税額に対する標準割合は，「所得割総額」，「資産割総額」，「被保険者均等割総額」，「世帯別平等割総額」に応じて，図表7-3のように設定されている（地法703の4④）。

図表7-3　標準基礎課税総額に対する標準割合

標準基礎課税総額	種類別総額	標準割合
所得割総額，資産割総額，被保険者均等割総額，世帯別平等割総額	所得割総額	100分の40
	資産割総額	100分の10
	被保険者均等割総額	100分の35
	世帯割平等割総額	100分の15
所得割総額，被保険者均等割総額，世帯別平等割総額	所得割総額	100分の50
	被保険者均等割総額	100分の35
	世帯割平等割総額	100分の15
所得割総額，被保険者均等割総額	所得割総額	100分の50
	被保険者均等割総額	100分の50

第8章
国税手続法

第1節　国税通則法

1. 納税義務の成立と納付税額の確定

納税義務は，法律の定める課税要件の充足によって抽象的に成立する。ただし，その納税義務は未だ観念的なものであるため，国税通則法（昭和37年法律第66号）によれば，法律の定める手続きにより，納付すべき税額が具体的に確定される（通法15①）。税額確定の手続きには，「申告納税方式」と「賦課課税方式」の二つがある。

国税の中には，例外的に納税義務の成立と同時に，特別の手続きを要しないで，納税すべき税額が当然に確定するもの（**自動確定の国税**）がある。たとえば，予定納税に係る所得税，源泉徴収による国税，自動車重量税等がそれに相当する（通法15③）。

納付税額が納税者の申告により確定することを原則とし，申告がない場合または申告内容が税務署長の調査内容と異なる場合に限り，税務署長の処分により確定する方式を**申告納税方式**という（通法16①一）。法律により，納税者に納付税額の申告義務が課されている国税は申告納税方式により納付税額が確定し，それ以外の国税は**賦課課税方式**により確定する（通法16②）。

2. 申告納税方式

(1) 納税申告

納税申告とは，納税者が法律に従って**納税申告書**を税務署長に提出することをいう。「納税申告書」には，課税標準のほか納付税額等，必要事項を記載する（通法26）。

納税申告の種類には，①**期限内申告**（**法定申告期限**までに行われる申告），②**期限後申告**（期限内申告を提出すべき者が，法定申告期限後に決定があるまでに行う申告），③**修正申告**（納税申告書を提出した者が，更正等があるまでに，課税標準・税額等を増加する内容の修正を行う申告）がある（通法19）。

納税申告の効力は，権限ある租税行政庁に納税申告書を提出することにより生ずる。納税申告により具体的納付税額が確定するので，納税義務者は，納付義務を履行することになる。

納税申告書の提出先は，原則として，提出する際における納税地を所轄する税務署長である（通法21①）。納税申告書が郵便により提出された場合には，その郵便物の通信日付印の日に提出がなされたものとみなされる（通法22）。

(2) 更正の請求

更正の請求とは，納税者が提出した納税申告書の内容について，一定の理由により，課税標準・税額等の額が過大となった場合，それを正しく変更すべきことを税務署長に請求することをいう（通法23）。これは，「通常の更正の請求」と「後発的事由による更正の請求」とに分けられる。

通常の更正の請求は，納税申告書に記載した課税標準・税額等の計算に誤りがあったこと等を理由として，法定申告期限から5年以内に行うことができる。**後発的事由による更正の請求**は，納税申告書を提出した者等について，その申告等に係る課税標準・税額等の計算の基礎となった事実に関して確定判決等，一定のやむを得ない事由が生じたことにより，課税標準・税額等の計算を納税義務者の利益に変更する必要がある場合に，これらの事由の生じた日から2カ月以内に行うことができる。

「更正の請求」は，更正の請求をする理由その他の事項を記載した**更正請求書**

を税務署長に提出して行う。「更正の請求」があった場合には，税務署長は，その請求に係る課税標準・税額等について調査を行い，理由がある場合にはその内容に応じた更正を行い，理由がない場合にはその旨を請求者に通知する。なお，更正の請求があった場合にも，原則として，当該請求に係る納付税額の徴収は猶予されない（通法23）。

(3) 更正または決定

申告納税方式による国税の納付税額は，まず，納税者の納税申告により確定される。ただし，法定申告期限内に納税申告が行われないとき，または納税申告の内容が正しくないときには，税務署長が，補充的に納付税額の確定または変更の処分を行う。この処分を**課税処分**という。

課税処分には，①更正，②決定，③再更正がある。**更正**とは，納税申告書の提出があった場合に，その納税申告書に記載された課税標準・税額等が調査結果と異なるときに，税務署長がこれを変更する処分をいう（通法24）。**決定**とは，納税申告書の提出義務のある者から納税申告書が提出されなかった場合に，税務署長が調査により課税標準・税額等を確定する処分をいう（通法25）。**再更正**は，更正・決定をした課税標準・税額等が過大または過少である場合に，調査により税務署長がこれを変更する処分をいう（通法26）。

更正・決定の手続は，「更正通知書」または「決定通知書」を送付して行い，当該通知書の到達によりその効力が生ずる。**更正通知書**には，更正後の課税標準・税額等のほか，それによって変動する税額等が記載される。**決定通知書**には，その決定に係る課税標準・税額等が記載される（通法28①～③）。

既に確定した納付税額を増加させる**増額更正**の場合には，既に確定した納付税額の納税義務に影響を及ぼさない。既に確定した納付税額を減少させる**減額更正**の場合には，更正により減少した税額以外の部分の納付税額の納税義務に影響を及ぼさない。また，更正・決定を取り消す処分または判決は，それにより減少した税額以外の部分の納付税額の納税義務に影響を及ぼさない（通法29①～③）。

3. 賦課課税方式

賦課課税方式とは，税務署長または税関長がその処分により納付税額を確定す

る方式をいう（通法16①二）。「賦課課税方式」による国税には，一定の場合の関税（関法6の2①二），一定の場合の消費税（消法47②等），加算税（通法65～68）等がある。

　賦課課税方式による国税の納税者は，法律の定めによりその国税の課税標準を記載した**課税標準申告書**をその提出期限までに税務署長に提出する（通法31）。税務署長は，調査を経て課税標準および納付税額を決定し，**賦課決定**を行う（通法32）。

4．国税の納付および徴収

(1) 国税の納付

　国税を納付する者には，本来の納税義務者，徴収義務者，第二次納税義務者があるが，さらに納税義務者のために第三者が国税を納付することができる（通法41①）。第三者の納付により，納税義務者の納付義務は消滅する。

　納付の方法には，①**金銭納付**（金銭で国税を納付する方法），②**印紙納付**（税額に相当する収入印紙を一定の書類に貼付することにより国税を納付する方法），③**物納**（金銭等以外の財産で国税を納付する方法）がある。

　納税義務者は，**法定納期限**（国税個別法において定めた国税を納付すべき期限）（通法2八）までに国税を納付しなければならない。

　法定納期限に対して，納付義務の確定した国税につき個別具体的に存在する納期限を**具体的納期限**という。納税義務者が具体的納期限までに当該国税を完納しない場合には，**納付の督促**を受けることになる（通法37①）。

　なお，災害その他やむを得ない理由により，国税の納付ができない場合には，その理由のやんだ日から2カ月以内に限り，「具体的納期限」の延長が認められる（通法11）。

(2) 国税の徴収

　国税の徴収とは，税務署長が納税者に対して確定した納税義務の履行を求めることをいう。具体的には，**納税の請求**（納税の告知や督促）のほかに，納税義務の履行を強制的に実現する**滞納処分**がある。

(a) 納税の請求

申告納税方式の国税の場合で，確定した税額が納付されないときは，「督促」を行う。これに対して，賦課課税方式の国税および自動確定の国税の特定のものを徴収するときは，税務署長は，督促に先立ち「納税の告知」を行う必要がある（通法36①）。

納税の告知は，納付すべき税額，納期限および納付場所を記載した**納税告知書**を税務署長が送達して行う（通法36②）。納期限は，原則として告知書を発する日の翌日から起算して1カ月を経過する日である（通令8）。

督促とは，納税者が具体的納期限までに国税を完納しない場合に，その履行を催告することをいう。督促は，**督促状**により行う（通法37①）。「督促状」は，別段の定めがあるものを除き，当該国税の納期限から50日以内に発する（通法37②）。

納税者に，納期限まで待っていては国税の完納が期待できないような一定の事情が発生した場合には，例外的に納期限前に国税が徴収されることがある。これを**徴収の繰上げ**といい，「繰上請求」，「繰上保全差押え」および「保全差押え」に分けられる。

繰上請求とは，納付税額の確定した国税について，その納期限を繰り上げて納付を請求することをいう。繰上請求は，納税者の財産に対する強制換価手続が開始された場合等に認められる（通法38①）。**繰上保全差押え**とは，繰上請求の可能な事情がある場合に，納税義務が成立した国税等について，納付税額の確定後では当該国税等の徴収を確保できないと認められるときに，法定申告期限前に，徴収確保のため予め滞納処分を要する金額（**保全差押金額**）を決定して，納税者の財産を差し押えることをいう（通法38③）。「保全差押え」については，「国税徴収法」の該当個所で後述される。

(b) 滞納処分

税務署長は，督促した国税がその督促状を発した日から起算して10日を経過した日までに完納されない場合，繰上請求した国税がその請求の期限までに完納されない場合等には，国税徴収法の規定により**滞納処分**を行う（通法40）。滞納処分の具体的手続きについては，「国税徴収法」の該当個所で後述される。

5. 納税の猶予および担保

(1) 納税の猶予

納税の猶予とは，納税者が，特別の事情のために，国税を納付することが困難と認められる場合等に，納期限後に納付義務の履行を猶予することをいう。「納税の猶予」は，納税者が災害によりその財産につき相当な損失を受けた場合等において，納期限等から1年の範囲内で認められる（通法46①～③）。税務署長等は，納税者の申請に基づき猶予の要否を決定し，納税の猶予を認めるときは，猶予に係る金額，猶予期間その他必要な事項を納税者に通知し，納税の猶予を認めないときは，その旨を納税者に通知する（通法47）。

「納税の猶予」が認められると，猶予期間内には，猶予対象国税について新たに督促および滞納処分をすることができない。猶予対象国税について既に滞納処分により差し押えた財産があるときは，猶予を受けた者の申請に基づき，その差押えを解除できる（通法48①・②）。

また，国税の徴収権の消滅時効は，納税の猶予期間内には進行しない（通法73④）。猶予期間に対応する延滞税は，納税の猶予の事情に応じ，その全部または一部が免除される（通法63）。

納税の猶予を受けた者が，一定の事情に該当する場合には，税務署長等は，その猶予を取り消し，または猶予期間を短縮できる（通法49）。

(2) 担　　保

徴収緩和措置として，納期限の延長（通法11，消法51等），延納（所法131等），納税の猶予，換価の猶予（徴法151，152）等があるが，これが認められるためには，国税の徴収の確保のために納税義務者からの**担保の提供**を必要とする場合が多い。

提供される担保の種類は，有価証券で税務署長等が確実と認めるもの，土地・建物等で保険に附したもの，税務署長等が確実と認める保証人の保証および金銭である（通法50）。

国税の納付を担保することができないと認めるときは，税務署長は，担保提供者に担保を確保するために必要な行為を命ずることができる。担保提供者は，税

務署長等の承認を受けて，担保を変更できる（通法51）。

担保の提供されている国税が納期限までに完納されないとき，または担保の提供されている国税の延納，納税の猶予等が取り消されたときは，税務署長等は直ちに担保の処分手続を行い，当該国税に充てる（通法52）。

6. 国税の還付および還付加算金

税務署長等は，「還付金」または国税に係る「過誤納金」があるときは，遅滞なく，金銭で還付しなければならない（通法56①）。

還付金とは，適法に納付または徴収が行われた後，結果的に過大な納付となったことから，納税者に返還されるべき税額をいう。たとえば，源泉徴収税額の還付（所法138①），予定納税額の還付（所法139①）等がある。

過誤納金は「過納金」と「誤納金」とからなる。**過納金**とは，納付時には適法であった納付の前提となった納税申告または課税処分の変更または取消しにより，結果的に過大となったものをいう。**誤納金**とは，納付時点で既に法律上の原因を欠いていたため，誤った納付であったものをいう。

「還付金」の場合，納税義務者の還付請求に基づき，税務署長等が還付請求を正当と判断すると還付が行われる。「過納金」の場合，納税義務者の納税申告または課税処分が，後の課税処分または不服審査や訴訟によって取り消されたときには，それに従って還付される。「誤納金」の場合，税務署長等が誤納金の存在を確認すると還付がなされる。

還付金等が還付される場合等には，法定納期限等の翌日から，還付のための支払決定日等までの期間の日数に応じ，その金額に年7.3%の割合で計算した**還付加算金**が加算される（通法58）。なお，各年の**特例基準割合**（国内銀行の貸出約定平均金利に1%を加算した割合）が7.3%に満たない場合には，「特例基準割合」で計算する（措法95，93②）。

7. 附　帯　税

租税に附帯して納付すべき金銭的負担を**附帯税**という。附帯税には，「延滞税」，「利子税」，「加算税」および「過怠税」（印法20）がある。附帯税は，国税の

適正な納付を確保するために認められたものであり，本来的な意味の租税ではない。しかし，徴収上の便宜から税とすることによって，それらの計算の基礎となる国税（本税）にあわせて納付するとともに，その本税と同じ税目の国税とした（通法60③・④，64①・③，69，印法20⑦）。

(1) 延滞税および利子税

延滞税とは，納税者が法定納期限までに国税を完納しない場合に，その未納の期間に応じて課される金銭的負担をいう（通法60①）。「延滞税」の額は，国税の法定納期限の翌日から完納するまでの期間の日数に応じ，年14.6％および「特例基準割合」に7.3％を加算した割合のいずれか低い割合を未納税額に乗じて計算する。ただし，納期限までの期間または納期限の翌日から2カ月を経過する日までの期間については，その割合は年7.3％と「特例基準割合」に1％を加算した割合のいずれか低い割合とされる（通法60②，措法94）。延滞税をその計算の基礎となる国税とあわせて納付すべき場合には，納付金額は優先的に当該国税に充てられたものとする（通法62②）。

利子税とは，延納または納税申告書の提出期限の延長（法法75）が認められた場合に，当該国税にあわせて納付すべきもので，納期限内の納付との負担の均衡を図るための金銭的負担である（通法64①）。「利子税」の額は，国税個別法の定めにより，延納に係る税額に延納等の認められる期間の日数に応じ，年7.3％と特例基準割合に1％を加算した割合のいずれか低い割合を乗じて計算した金額である（所法131③，136，法法75⑦，75の2⑥，措法93）。

(2) 加算税

加算税は，正当な理由なく，適正な納税申告義務の履行等を怠った場合に課される附帯税であり，「過少申告加算税」，「無申告加算税」，「不納付加算税」および「重加算税」がある。加算税は，申告義務および徴収納付義務の適正な履行の確保および促進を目的とした特別な経済的負担である。

過少申告加算税は，修正申告書の提出または更正がなされた場合に，新たに納付すべき税額の100分の10の金額（一定の場合には，さらに100分の5の金額が加算される）を課するものである（通法65①・②）。期限内申告による納付税額が過少であったことに正当な理由がある場合には，正当な理由が認められる範囲に

ついて「過少申告加算税」は課されない（通法65④）。また，修正申告の提出があった場合に，その提出が申告に係る国税の調査により当該国税について更正があるべきことを予知してされたものでないときにも課されない（通法65⑤）。

無申告加算税は，期限内申告書の提出がなされず，後に期限後申告書の提出または決定があった場合等において，期限後申告書の提出，決定，修正申告書の提出または更正に基づき納付すべき税額の100分の15の金額を課すものである。期限内申告書の提出がなかったことについて正当な理由がある場合には，「無申告加算税」は課されない（通法66①）。また，期限後申告書の提出等があった場合に，その提出が，その申告に係る国税の調査により当該国税についての更正または決定があるべきことを予知してされたものでないときには，無申告加算税の額は，当該納付すべき税額の100分の5の金額とされる（通法66③）。

不納付加算税は，源泉徴収による国税がその法定納期限までに完納されない場合に，納税告知の税額または法定納期限後に告知を受けることなく納付された税額の100分の10の金額を「源泉徴収義務者」に課すものである。ただし，当該告知または納付に係る国税を法定納期限までに納付しなかったことについて正当な理由がある場合には，「不納付加算税」は課されない（通法67①）。また，当該納付が，当該国税についての調査があったことにより当該告知があるべきことを予知してされたものでないときは，不納付加算税の額は，当該納付された税額の100分の5の金額とする（通法67②）。

重加算税は，過少申告加算税・無申告加算税・不納付加算税が課される場合において，納税者がその国税の課税標準等または税額等の計算の基礎となるべき事実の全部または一部を隠蔽しまたは仮装し，その隠蔽または仮装に基づき納税申告書を提出したとき等に，これらの加算税に代えて課すものである（通法68）。「過少申告加算税」および「不納付加算税」に代わる重加算税は，当該基礎となるべき税額の100分の35の金額であり（通法68①・③），「無申告加算税」に代わる重加算税は，当該基礎となるべき税額の100分の40の金額である（通法68②）。

「重加算税」は，隠蔽または仮装という不正手段があった場合に，納税者により重い経済的負担を課すことにより申告納税制度および源泉徴収制度の適正な運営を図ることを目的としている。ここに**事実の隠蔽**とは，課税要件に該当する事実を隠すことをいい，**事実の仮装**とは，存在しない課税要件事実が存在するかのように見せることをいう。なお，課税資産の譲渡等に係る消費税を除く消費税等

(通法 2 三)については，**通告処分制度**が適用されることから，「重加算税」は課されない（通法 68 ④）。

8. 国税の更正，決定，徴収，還付等の期間制限

(1) 国税の更正・決定等の期間制限

納付税額の確定手続においては，税務署長等の課税処分により最終的にその内容が確定するが，課税処分には**期間制限**が設けられている。

国税の課税処分のうち更正・決定については，法定申告期限から 5 年を経過した日以後にすることができない。

法人税に係る純損失等の金額で当該課税期間において生じたものを変動させる更正等については，法定申告期限から 10 年を経過する日まで更正・決定をすることができる（通法 70 ②）。

更正ができないこととなる日前 6 カ月以内にされた更正の請求に係る更正等については，更正の請求の日から 6 カ月を経過する日まで行うことができる（通法 71 ③）。

なお，偽りその他不正の行為によりその全部もしくは一部の税額を免れ，またはその全部もしくは一部の税額の還付を受けた国税に係る更正・決定，賦課決定は，それぞれ更正・決定に係る国税の法定申告期限等から 7 年を経過する日まで行うことができる（通法 71 ④）。

一定の「後発的事由」が発生した場合には，上記の各期間が経過した後もなお更正決定等を行うことができる。すなわち，不服申立等の裁決等による原処分の異動等を「後発的事由」とする更正・決定等は，その裁決等のあった日から 6 カ月間は可能である。また，納税申告の基礎となった事実に含まれていた無効な行為により生じた経済的成果がその行為の無効であることにより失われたこと等を「後発的事由」とする更正等は，その事由が生じた日から 3 年間は行うことができる（通法 71 ①）。

(2) 国税の徴収権の消滅時効

国税の徴収を目的とする国の権利は**国税の徴収権**といい，原則として，当該国

税の法定納期限から5年間行使しないことによって，時効により消滅する（通法72①）。消滅時効の起算日は，原則として，法定納期限の翌日である。

消滅時効の効果は，納税義務者による援用を待たずに発生するとともに，納税義務者は時効の利益を放棄することはできない。国税の徴収権の時効については，「別段の定め」がない限り，民法の規定が準用される（通法72②・③）。

消滅時効の進行を妨げる事由に「中断」と「停止」とがある。**消滅時効の中断**の場合，更正・決定等の処分の効力が生じた時に時効が中断し，一定期間経過後に新たに時効が進行する（通法73①）。**消滅時効の停止**については，偽りその他不正の行為によりその全部もしくは一部の税額を免れた国税についての時効は，当該国税の法定納期限から2年間は進行しない（通法73③本文）。また，延納，納税の猶予等に係る国税については，その延納等がされている期間内は，時効は進行しない（通法74④）。

(3) 還付金等の消滅時効

還付金等に係る国に対する請求権は，その請求をすることができる日から5年間行使しないことによって，時効により消滅する（通法74①）。かかる請求権の消滅時効の効果は，国による援用を待たずに発生するとともに，国は時効の利益を放棄することはできない（通法74②，72②）。

9．国税の調査

国税庁等（国税庁，国税局もしくは税務署）の職員または税関の職員（消費税，酒税，たばこ税等の調査に限る）は，各種国税に関する調査について必要があるときは，一定の関係者に対して質問し，帳簿書類その他の物件を検査し，その提示もしくは提出を求めることができる（通法74の2以下）。

税務署長等は，納税義務者に対して実地の調査（以下，調査と略す。）において**質問検査等**を行う場合には，**調査の事前通知**として，あらかじめ当該納税義務者に①質問検査等の旨，②調査を開始する日時，③調査を行う場所，④調査の目的，⑤調査の対象となる税目，⑥調査の対象となる期間，⑦調査の対象となる帳簿書類その他の物件，⑧その他調査の適正かつ円滑な実施に必要なものを通知しなければならない（通法74の9①）。

税務署長等は，「事前通知」を受けた納税義務者から合理的な理由を付して調査開始日時・場所の変更の申入れがあった場合には，その事項について協議するよう努めなければならない（通法74の9②）。

　納税義務者に**税務代理人**がある場合において，納税義務者の同意がある場合には，納税義務者に対する事前通知は税務代理人に対して行えば足りる（通法74の9⑤）。

　なお，税務署長等が調査の相手方である納税義務者の申告もしくは過去の調査結果の内容またはその営む事業内容に関する情報に鑑み，違法または不当な行為を容易にし，正確な課税標準または税額等の把握を困難にするおそれ等，国税に関する調査の適正な遂行に支障を及ぼすおそれがあると認める場合には，事前通知を要しない（通法74の10）。

　税務署長等は，国税に関する調査を行った結果，更正決定等をすべきと認められない場合には，当該調査の質問検査等の相手方となった納税義務者に対し，その旨を書面により通知する。それに対して，更正決定等をすべきと認める場合には，調査を行った職員は，納税義務者に対し，更正決定等をすべきと認めた額および理由を含めた調査結果の内容を説明する。この説明に際して，当該職員は，納税義務者に対し修正申告等を勧奨できる。調査を受けた納税義務者に「税務代理人」がある場合に，当該納税義務者の同意があれば，当該納税義務者に代えて当該税務代理人への通知等を行うことができる（通法74の11）。

　所得税，たばこ税，揮発油税または地方揮発油税，石油ガス税，石油石炭税の調査について必要があるときは，上記各国税について事業を行う者等の組織する団体に対して，国税庁等の職員は，調査に関し参考になるべき事項を諮問することができる。国税庁等の職員は，国税に関する調査について必要があるときは，官公署または政府関係機関に，当該調査に関し参考となるべき帳簿書類その他の物件の閲覧または提供その他の協力を求めることができる（通法74の12）。

　国税庁等の職員または税関の職員は，質問検査権の規定による質問，検査，提示もしくは提出の要求，閲覧の要求等をする場合等には，その身分を示す証明書を携帯し，関係人の請求があったときは，これを呈示しなければならない（通法74の13）。

10. 不服審査および訴訟

(1) 不服審査

① 不服審査の種類

　租税法律主義（憲法84）のもとで，租税の確定・徴収の内容および手続が法定されても，個別の租税の確定・徴収行為に違法がある場合には，納税者は違法な処分を争い，その権利保護を確保する手段が保障されなければならない。「国税通則法」は，その手段として行政庁に対する不服申立てである**不服審査**および裁判所に対する不服申立てである**訴訟**について規定する。

　不服審査には，「異議申立て」と「審査請求」とがある。**異議申立て**（処分行政庁に対する不服申立て）は，税務署長・国税局長・国税庁長官および税関長が行った処分に対して認められる。**審査請求**（処分行政庁以外の行政庁に対する不服申立て）は，原則として異議申立てに対する決定を経た後に申し立てることができるが，例外として異議申立てに対する決定を経ずに，審査請求をすることが認められる場合がある（通法75）。

　「審査請求」は，国税不服審判所長に対して申し立てることとされている（通法78）。**国税不服審判所**は，組織的には国税庁の一部であるが，争訟裁断機関として租税の確定・徴収を担当する執行機関とは分離されており，その限りでは手続の適正が図られている。

　「不服審査」は，一定の期間内に不服申立てをしなければならない。異議申立ておよび異議申立てに対する決定を経ない審査請求は，処分があったことを知った日の翌日から起算して2カ月以内に不服申立てをしなければならない。異議申立てに対する決定を経た後の審査請求は，異議決定書の謄本の送達があった日の翌日から起算して1カ月以内に不服申立てをしなければならない（通法77）。

　国税に関する処分に対する不服申立てについては，「国税通則法」および国税個別法に別段の定めがあるものを除き，「行政不服審査法」（不服申立てに係る手続を定める第2章第1節から第3節までを除く）の定めるところによる（通法80①）。

② 異議申立て

異議申立ては，その趣旨・理由等，一定の事項を記載した書面（異議申立書）を提出して行う（通法81①）。

異議申立ての審理に際して，**異議審理庁**（異議申立てがされている税務署長その他の行政機関の長）は，異議申立人から申立てがあったときは，異議申立人に口頭で意見を述べる機会を与えなければならない。この場合には，異議申立人は，異議審理庁の許可を得て，補佐人とともに出頭することができる（通法84①）。なお，異議審理庁は，必要があると認めるときは，その行政機関の職員に異議申立人の意見の陳述を聞かせることができる（通法84②）。

異議審理庁は，異議申立てが不適法であるときは，**却下**の決定を行い，異議申立てに理由がないときは，**棄却**の決定を行う（通法83①・②）。これに対して，異議申立てに理由があるときは，異議審理庁は，決定で，異議申立てに係る処分（原処分）の全部または一部を取り消し，または変更する。ただし，異議申立人の不利益に当該処分を変更することはできない（通法83③）。

異議申立てについての決定は，決定の理由を附記し，異議審理庁が記名押印をした**異議決定書**の謄本を，異議申立人に送達して行う。原処分の全部または一部を維持する場合には，附記理由の中に原処分を正当とする理由が明らかにされなければならない（通法84③〜⑤）。

③ 審査請求

審査請求は，その趣旨・理由等，一定の事項を記載した正副2通の**審査請求書**を提出して行う。審査請求の趣旨の記載は，処分の取消しまたは変更を求める範囲を明らかにしなければならない。また，その理由の記載には，原処分の理由に対する審査請求人の主張が明らかにされなければならない（通法87）。

「審査請求」は，審査請求書を原処分庁に提出することにより，原処分庁を経由してすることができる（通法88）。**国税不服審判所長**は，審査請求の不備が補正可能と認めるときは，相当の期間を定めてその補正を求めなければならないが，その不備が軽微なときは，職権で補正できる（通法91①）。

審査請求が不適法であるときは，「却下」の**裁決**を行う（通法92）。審査請求が適法になされると，国税不服審判所長は，審査請求書の副本を原処分庁に送付するとともに，相当の期間を定めて，原処分庁から正副2通の答弁書を提出させる（通

法93①・③)。

(2) 訴　訟

① 訴訟の類型

　国税に関する法律に基づく処分に関する訴訟については，「国税通則法」および国税個別法に別段の定めがあるものを除き，「行政事件訴訟法」(昭和37年法律第139号)その他の一般の行政事件訴訟に関する法律の定めるところによる(通法114)。裁判所に対する**不服申立て**としての租税訴訟の主要なものは，以下のとおりである。

　① **取消訴訟**……処分が違法であることを理由として，当該処分の取消しを求める訴訟(行訴法3②)
　② **無効等確認訴訟**……処分が無効であることを理由として，当該処分が無効であることの確認を求める訴訟(行訴法3④)
　③ **過誤納金還付請求訴訟**……公法上の当事者訴訟(行訴法4)の一種で，過誤納金の還付を求める給付訴訟

　このうち，最も問題となるのは「取消訴訟」である。

　国税に関する課税処分に係る「取消訴訟」においては，原告が，必要経費または損金の額の存在その他これに類する自己に有利な事実につき課税処分の基礎とされた事実と異なる旨を主張しようとするときは，相手方当事者となった税務署長または税関長が当該課税処分の基礎となった事実を主張した日以後，遅滞なくその異なる事実を具体的に主張し，その事実を証明すべき証拠の申出をしなければならない(通法116①)。

　ただし，当該原告が，その責めに帰することができない理由によりその主張または証拠の申出を遅滞なくすることができなかったことを証明したときは，遅れてなされた主張または証拠の申出も認められる(通法116①)。

　原告が上記に違反して行った主張または証拠の申出は，「民事訴訟法」(平成8年法律第109号)第157条第1項の規定の適用に関しては，時機に遅れて提出した攻撃・防御方法とみなす(通法116②)。

② 不服申立前置

　国税に関する処分で不服申立てに対する「取消訴訟」を提起するには，その前

提として，①異議申立てをすることができる処分にあっては異議申立てについての**決定**を，②審査請求をすることができる処分にあっては審査請求についての**裁決**をそれぞれ経なければならない（通法115①）。これを**不服申立前置主義**という。

ただし，例外として一定の場合には，「決定」または「裁決」を経ることなく，直ちに取消訴訟を提起することができる（通法115①一～三）。

第2節　国税徴収法

1. 滞納処分

(1) 財産の調査

「国税徴収法」（昭和34年法律第147号）は，国税の滞納処分その他の徴収に関する手続の執行について必要な事項を定め，私法秩序との調整を図りつつ，国民の納税義務の適正な実現を通じて国税収入を確保することを目的とする（徴法1）。

滞納処分を行うに当たっては，滞納者の財産の状況等を予め十分に把握しておく必要がある。徴収職員は，滞納処分のため滞納者の財産を調査する必要があるときは，滞納者等に質問し，またはその財産に関する帳簿・書類を検査できる（徴法141）。

(2) 財産の差押え

① 通　　則

財産の差押えは，滞納処分の最初の段階をなす手続であり，徴収職員が滞納者の特定の財産の処分を禁止し，これを換価できる状態におく強制的処分である。納税者が督促を受け，その督促に係る国税を，督促状を発した日から起算して10日を経過した日までに完納しないときは，徴収職員はその財産を差し押えなければならない。ただし，10日を経過する前に繰上請求をすることができる事実（通法38①一）が生じたときは，徴収職員は，直ちに財産を差し押えることができる

（徴法47）。

「財産の差押え」に際しては，国税を徴収するために必要な財産以外の財産を差し押えることができない（徴法48①）。これを**超過差押えの禁止**という。差し押えることができる財産の価額が，その差押えに係る滞納処分費および徴収すべき国税に先立つ他の租税その他の債権の合計額を超える見込みがないときは，当該財産を差し押えることはできない（徴法48②）。これを**無益な差押えの禁止**という。

差押財産の選択に際しては，滞納処分の執行に支障がない限り，その財産について第三者が有する権利を害してはならない（徴法49）。特に，質権，抵当権，先取特権，留置権，賃借権その他第三者の権利の目的となっている財産が差し押えられた場合には，第三者に「差押換請求権」を認めている（徴法50）。

② 差押対象財産

差押えの対象となる財産は，①滞納者の所有に属すること，②金銭的価値を有すること，③譲渡性を有すること，④差押禁止財産でないことが必要である。

差押禁止財産には，「絶対的差押禁止財産」と「条件付差押禁止財産」がある。**絶対的差押禁止財産**とは，常に差押えが禁止される財産であり，滞納者およびその同一生計親族の生活に不可欠の衣服・家具等（徴法75），給与のうち一定の金額（徴法76），社会保険制度に基づく給付のうち一定の金額（徴法77）がこれに当たる。

条件付差押禁止財産とは，その国税の全額を徴収することができる財産で，換価が困難でなく，かつ，第三者の権利の目的となっていないものを提供することを条件として差押えが禁止される財産であり，農業・漁業その他の職業または事業の継続に必要な機械器具等（徴法78）がこれに当たる。

③ 差押の手続き

共通的な**差押手続き**としては，徴収職員が滞納者の財産を差し押えたときは，「差押調書」を作成し，差押財産が一定の種類の財産であるときは，その謄本を滞納者に交付しなければならない（徴法54）。また，差押財産が，質権等第三者の権利の目的となっている場合には，第三者に必要な権利行使の機会を与えるために，当該第三者等に必要な事項を通知しなければならない（徴法55）。差押財産の種類による個別的な差押手続きは，下記のとおりである。

(a) 動産または有価証券の差押えは，徴収職員がその財産を占有して行う。差

押えの効力は，徴収職員がその財産を占有した時に生ずる（徴法56）。徴収職員は，差し押えた動産等を必要に応じ，滞納者またはその占有者に保管させることができ，また，これらの者に差し押えた動産を使用収益することを許可できる（徴法60，61）。

(b) 債権の差押えは，第三債務者に対する「債権差押通知書」の送達により行う。差押えの効力は，「債権差押通知書」が第三債務者に送達された時に生ずる（徴法62）。債権を差し押えるときは，その全額を差し押えなければならない。ただし，その必要がないと認めるときは，その一部を差し押えることができる（通法63）。徴収職員は，差し押えた債権の取立をすることができる。この場合に金銭を取り立てたときは，その限度において，滞納者から差押えに係る国税を徴収したものとみなす（徴法67）。

(c) 不動産等の差押えは，滞納者に対する「差押書」の送達により行う。差押えの効力は，「差押書」が滞納者に送達されたときに生ずる。不動産を差し押えたときは，税務署長が差押えの登記を関係機関に嘱託する（徴法68）。滞納者は，原則として，差し押えられた不動産を通常の用法に従い，使用・収益をすることができる（徴法69）。

(d) 無体財産権等のうち，第三債務者等がない財産（特許権，著作権等）の差押えは，滞納者に対する「差押書」の送達により行う。第三債務者等がある財産（電話加入権，合名会社の社員の持分等）の差押えは，第三債務者等に対する「差押通知書」の送達により行う。差押えの効力は，「差押書」の送達の時または「差押通知書」が第三債務者に送達された時に生ずる。登記を要するものを差し押えたときは，税務署長は，差押えの登記を関係機関に嘱託する（徴法72，73）。

④ 差押えの効力

差押えは，滞納者の特定の財産につき法律上または事実上の処分を禁止する効力（**処分禁止の効力**）を有する。したがって，差押後の差押財産の譲渡・権利の設定は，当事者間では有効であるが，差押債権者である国には対抗できない。

差押えの効力は，差押財産から生ずる天然果実には及ぶが，法定果実に及ばない。ただし，滞納者等が差押財産の使用・収益をできる場合には，換価による権利移転までに収取された天然果実には効力が及ばない。債権を差し押えた場合の

差押後の利息には効力が及ぶ（徴法52）。

損害保険に附された財産に対する差押えの効力は，その保険金等の支払を受ける権利に及ぶ。ただし，財産を差し押えた旨を保険者に通知しなければ，差押えをこれらの者に対抗することができない（徴法53）。

給料・年金等の継続収入の債権の「差押えの効力」は，差押え後に収入すべき金額に及ぶが，徴収すべき国税の額を限度とする（徴法66）。

⑤ 差押えの解除

納付等により差押国税の全額が消滅した場合，または差押財産の価額が滞納処分費および差押国税とそれに先立つ他の租税等債権の合計額を超える見込みがなくなった場合には，**強制解除事由**として差押えは解除される。これに対して，差押財産の価額が差押国税の一部納付等により上記合計額を著しく超過することになった場合，または滞納者が他の適当な財産を提供して，それを差し押えた場合には，**任意解除事由**として差押えを解除できる（徴法79）。

差押えの解除は，滞納者または第三債務者等にその旨を通知することにより行う。差押えを解除したときは，引渡しおよび封印等の除去，差押登記の抹消の嘱託をしなければならない（徴法80）。

⑥ 交付要求・参加差押

交付要求制度とは，滞納者の財産に強制換価手続きが行われている場合に，手続きの簡易化を図りつつ国税の徴収を確保する目的で，強制換価手続きの執行機関に対し，換価代金の中から滞納国税の交付を求めることを税務署長に認めたものである。「交付要求」の手続きは，税務署長が，強制換価手続きの執行機関に対し，滞納国税につき「交付要求書」を送達して行う。「交付要求」を行ったときは，その旨を滞納者等に通知しなければならない（徴法82）。

「交付要求」の結果，既に行われている強制換価手続きの換価代金から，その手続費用に次いで徴収する（徴法9）。交付を受け，国税が消滅したときは，「交付要求」を解除する（徴法84）。

既に開始している強制換価手続きが取り消される場合等には，「交付要求」の効力は失われる。そこで，手続きの安定を図り，国税の徴収を確保するために「参加差押え」が認められる。

参加差押えは，差押えの要件を具備し，動産・不動産等に差押えがされているときに，執行機関に「参加差押書」を交付することにより行う（徴法86）。参加差押えは，既になされている差押えが解除されると，特定の時期に遡って差押えの効力を生ずる（徴法87）。

⑦ 財産の換価

差押財産のうち，金銭は直ちに滞納国税に充てられ（徴法129②），債権は取立てを行う（徴法67①，債権の取立てをする有価証券につき徴法57）。それ以外の差押財産を金銭に換えることを**財産の換価**という。ただし，差押債権の弁済期限が6カ月以内に到来しないもの，または取立てが著しく困難であるものについては，取立てをせずに換価できる（徴法89）。

換価手続には，原則的な手続である「公売」（徴法94以下）のほかに，「随意契約」（徴法109），「国による買入れ」（徴法110）がある。

公売は，「入札」または「せり売」（徴法101，102，103）の方法により行われる。税務署長は，差押財産を「公売」に付するときには，公売の日の少なくとも10日前までに公売公告を行い，それを滞納者に通知する（徴法94～96）。

また，税務署長は，公売財産の見積価額を決定し，公売の日以前の一定の日までに公告する。買受申込者は，税務署長が定める公売保証金を予め納付する（徴法98～100）。

「入札」または「せり売」の結果，見積価額以上の入札者のうち最高価額の者が「最高価申込者」として決定される（徴法104）。

法令の規定により，「公売財産」を買い受けることのできる者が1人であるとき，その他一定の場合には，税務署長は，差押財産を公売に代えて**随意契約**により売却できる（徴法109）。国は，公売に付しても入札等がないとき等に必要があるときは，見積価額でその財産を買い入れることができる（徴法109，110）。

税務署長は，換価財産につき，最高価申込者（随意契約における買受人を含む）に対して売却決定を行う（徴法111，113）。売却決定を受けた者は，買受人となる。買受人は，原則として，売却決定の日までに，換価財産の買受代金を現金で納付しなければならない。買受人が買受代金をその期限までに納付しないときは，税務署長は，売却決定を取り消すことができる（徴法115）。

買受人は，買受代金を納付した時点で換価財産を取得する（徴法116）。税務署

長は，このときに「売却決定通知書」を買受人に交付する等，買受人への換価財産の権利移転のために必要な措置を採る（徴法118～122）。換価財産上に存する質権，抵当権等の権利で差押え後にされたものに係る権利は，買受人による買受代金納付時に消滅する（徴法124）。

⑧ 換価代金等の配当

差押財産の「換価代金等」を国税その他の債権に配分することを**配当**という。「配当の原則」として，まず，差し押えた金銭および「交付要求」により交付を受けた金銭は，直ちに差押えまたは交付要求に係る国税に充当する。

次に，**換価代金等**（差押財産の売却代金および有価証券，債権または無体財産権等の差押えにより第三債務者等から給付を受けた金銭）は，①差押えに係る国税，②交付要求を受けた国税等，③差押財産に係る質権，抵当権等により担保される債権および④動産，自動車または建設機械の引渡しを命ぜられた第三者が滞納者に対して取得する「損害賠償請求権」および「借賃返還請求権」に配当される。

これらに配当した金銭に残余があるときは，それを滞納者に交付する。逆に，換価代金等がこれらに配当すべき金銭の総額に不足する場合には，法律の規定に基づく各債権相互の優劣関係に従って配当する（徴法129）。

換価代金等の配当を行うに当たっては，まず，配当を受けられる債権の確認を行う。すなわち，配当を受けられる債権者は，売却決定日の前日までに，「債権現在額申立書」を税務署長に提出する。税務署長は，提出された「債権現在額申立書」を調査するとともに，「債権現在額申立書」を提出しない担保付債権等を調査により確認する（徴法130）。この場合に，配当すべき債権の弁済期が未到来であるときは，その交付すべき金銭は供託する（徴法134）。

配当により滞納処分は終了し，滞納者の納税義務は徴収したとみなされる範囲において消滅する。

2．滞納処分に関する猶予および停止等

滞納者にその財産の換価を直ちにすることにより，その事業の継続または生活の維持を困難にするおそれがある等，一定の事由がある場合に，滞納者が納税に誠実であると認められるときは，1年以内の間で差押財産の換価を猶予できる。**換**

価の猶予を行う場合に，必要があると認めるときは，差押えにより滞納者の事業の継続または生活の維持を困難にするおそれがある財産の差押えを猶予し，または解除することができる（徴法151）。

滞納者に滞納処分を執行できる財産がない等，一定の事実があるときは，滞納処分の執行を停止できる。**滞納処分の執行の停止**を行うときは，その旨を滞納者に通知する。滞納者の生活を著しく窮迫させるおそれがあるとして滞納処分の執行を停止した場合に，差押財産があるときは，その差押えを解除しなければならない。「滞納処分の執行の停止」が3年間継続したときは，当該執行が停止された国税の納税義務は消滅する（徴法153）。

納税者が酒税・たばこ税・揮発油税等を滞納した場合に，将来的にその国税の徴収を確保することができないと認められるときは，税務署長は，当該国税の担保として，金額および期限を指定して担保の提供を命ずることができる（徴法158）。これを**保全担保**という。

納税義務があると認められる者が，不正に国税を免れまたは国税の還付を受けたことの嫌疑に基づき，「国税犯則取締法」（明治33年法律第67号）による差押え・領置等を受けた場合には，これらの処分に係る国税の税額確定前に，確定見込税額のうちその徴収確保するためにあらかじめ滞納処分を執行することを要すると認める金額を決定し，その金額を限度としてその者の財産を直ちに差し押えることができる（徴法159）。これを**保全差押え**という。

3. 国税と他の債権との調整

(1) 国税優先の原則

国税は，その公益性が高く，任意の履行可能性が少ないことから，納税者の財産について，原則として，すべての公課その他の債権に先立って徴収する（徴法8）。これを，**国税優先の原則**という。ただし，国税といえども共益的費用優先の見地から，強制換価手続きの手続費用，滞納処分費には劣後する。

なお，租税相互間には，原則として，優先劣後関係はない。ただし，徴収手続きに入る時間的前後関係により，優先劣後が決定される。すなわち，**差押先着手主義**により，差押国税はその換価代金につき，交付要求に係る他の租税に優先す

る。「交付要求」を行った租税相互間では、**交付要求先着手主義**により、先に交付要求した租税が優先する。ただし、国税に徴した担保財産があるときは、当該国税は、その換価代金につき他の租税に優先する（徴法12～14）。

(2) 私債権との調整

　国税は、原則として、私債権に優先するが、私法上の取引の安全との合理的調和を図る観点から、国税と担保権の設定されている私債権との間の優劣関係について、下記のように一定の調整措置が設けられている。

(a) 質権・抵当権との調整

　納税者がその財産上に質権・抵当権を設定している場合に、その質権・抵当権が国税の法定納期限等以前に設定されているときは、当該国税は、その換価代金について質権・抵当権により担保される債権に劣後し、それに次いで徴収される（徴法15, 16）。これは、**予測可能性**の見地から、担保権設定日と法定納期限の時間的前後関係によって優劣を決定しようとするものである。

　納税者が質権・抵当権の設定財産を譲り受けたときは、当該財産の換価代金につき、当該納税者に係る国税は、質権・抵当権により担保される債権に劣後し、それに次いで徴収される。国税に先立つ質権・抵当権により担保される債権の元本の金額は、当該質権者・抵当権者が「差押え」または「交付要求」の通知を受けた時点における債権額を限度とする（徴法17, 18）。

(b) 先取特権との調整

　不動産保存の先取特権等、一定の先取特権が納税者の財産上にあるときは、その先取特権が財産の維持・存続に役立つ保存行為を根拠に認められることから抵当権等に優先するために、国税に対しても優先する（徴法19）。

　また、不動産売買の先取特権等のように、登記の前後により質権・抵当権との優先関係が決せられる一定の先取特権が、納税者の財産上に国税の法定納期限等以前からある場合には、国税に優先する（徴法20）。

(c) 留置権との調整

　留置権が納税者の財産上にある場合には、その換価代金につき、留置権の被担保債権が優先し、国税はそれに次いで徴収する（徴法21）。

(d) 担保仮登記との調整

　納税者の財産につき、国税の法定納期限等以前にその者を登記義務者として担

保仮登記がされているときは,当該財産の換価代金につき担保仮登記の被担保債権が優先し,国税はそれに次いで徴収する(徴法23)。

　(e)　譲渡担保権との調整

　納税者が滞納国税の法定納期限等後に第三者に対して自己の財産に譲渡担保を設定したときには,その者の財産につき滞納処分を執行してもなお徴収すべき国税に不足すると認められる場合に限り,譲渡担保財産から納税者の国税を徴収することができる。譲渡担保財産から滞納国税を徴収しようとするときは,譲渡担保権者に対しその旨を書面により告知し,告知書発送後10日経過しても完納されない場合に,譲渡担保権者を第二次納税義務者とみなし,譲渡担保財産に対して滞納処分を執行することができる(徴法24)。

　以上のような「私債権との調整の原則」を前提にしても,強制換価手続において複数の租税債権と私債権が競合する場合には,各債権の相互関係にぐるぐる回りが生じ,優先劣後関係を決定できなくなることがある。この場合には,まず,換価代金から強制換価手続費用,直接の滞納処分費,強制換価の場合の消費税等,留置権の被担保債権等が徴収される。次に,「租税債権」と「私債権」とを区分して,それぞれを法定納期限等の時期,担保権設定等の時期を基準にして時系列的に並べ,それぞれに充てるべき金額の総額をそれぞれの区分の中の優先順位に従って各債権に充当する(徴法26)。

4.　第二次納税義務

(1)　第二次納税義務の意義と性質

　納税義務者が国税を滞納した場合に,その財産につき滞納処分を執行してもなおその徴収すべき額に不足すると認められるときに,当該納税義務者と一定の特殊な関係を有する者に対して,当該納税義務者に代わって国税を納付すべき義務を負わせ,国税の徴収確保を図ることを目的とする制度は**第二次納税義務制度**と呼ばれている。納税義務者に代わって負担する納税義務を**第二次納税義務**といい,この義務を負担する者を**第二次納税義務者**という。

　納税義務者との関係により,次のような第二次納税義務の態様が法定されてい

る（徴法33～41）。
 (a) 合名会社または合資会社が国税を滞納した場合の無限責任社員の第二次納税義務
 (b) 法人が解散した場合に国税を納付せず，残余財産の分配等をした場合の清算人および残余財産の分配等を受けた者の第二次納税義務
 (c) 同族会社の同族判定株主が国税を滞納した場合の当該同族会社の第二次納税義務
 (d) 「実質所得者課税の原則」等により，収益を享受するとして課税された者が国税を滞納した場合に収益が法律上帰属する者等の第二次納税義務
 (e) 国税を滞納した者が個人事業者や同族会社である場合に個人事業者と同一生計内の親族や同族判定株主で滞納者の共同事業者の第二次納税義務
 (f) 納税義務者から事業を譲り受けた特殊関係者の第二次納税義務
 (g) 国税の滞納者から無償または著しく低額で財産の譲渡等を受けた者の第二次納税義務
 (h) 人格のない社団等が国税を滞納した場合の当該人格のない社団等の財産の名義人である第三者の第二次納税義務

　第二次納税義務は，主たる納税義務者の財産につき滞納処分しても，なお，その徴収すべき額に不足する場合に，その不足見込額を限度として生ずる。これを**第二次納税義務の補充性**という。

　第二次納税義務は，主たる納税義務に代わるものであるから，主たる納税義務に生じた事由により影響を受ける。これを**第二次納税義務の附従性**という。主たる納税義務が納付・免除等により消滅したときには，第二次納税義務も消滅する。

(2) 第二次納税義務の徴収手続

　税務署長は，滞納者の国税を「第二次納税義務者」から徴収しようとするときは，その者に対し，徴収金額，納付期限等，必要事項を記載した「納付通知書」により告知する。この告知により**第二次納税義務**が確定するが，「第二次納税義務者」が納付期限までに税額を完納しないときは，税務署長は，納付期限から50日以内に納付催告書により納付を督促しなければならない。「納付催告書」による督促後10日以内に税額が完納されないときには，滞納処分の手続が開始される。ただし，第二次納税義務者の財産の換価は，その財産の価額が著しく減少するお

それがある場合を除き，主たる納税義務者の財産を換価した後でなければ行うことができない。なお，第二次納税義務者から主たる納税義務者に対する求償権の行使は妨げられない（徴法32）。

第3節　滞納処分と強制執行等との手続の調整に関する法律

「滞納処分と強制執行等との手続の調整に関する法律」（昭和32年法律第94号）は，滞納処分と強制執行，仮差押えの執行または担保権の実行としての競売との手続きの調整を図るため，これらの手続きに関する規定の特例を定めることを目的とする（滞調法1）。

(a)　滞納処分による差押えがされている財産に対する強制執行等

動産に対する強制執行による差押え，不動産等に対する強制競売の開始決定，債権その他の財産に対する強制執行による**差押命令**は，滞納処分による差押えがされている財産に対してもすることができる（滞調法3，12，20の3等）。この場合，強制執行等の手続きは，原則として，滞納処分による差押えが解除された後でなければ，進行することができない（滞調法4，13，20の5）。

なお，滞納処分の手続きが進行しない等の場合には，差押債権者等は，執行裁判所に強制執行続行の決定を申請することができる（滞調法8，17，20の8）。この申請に対し，裁判所は相当と認めるときは強制執行等を続行する旨の決定をする（滞調法9，17，20の8）。強制執行等続行の決定があったときは，滞納処分による差押えは強制執行等による差押え後にされたものとみなされ，その後は強制執行等の手続きが進行する。

(b)　強制執行等がされている財産に対する滞納処分

滞納処分による差押えは，強制執行による差押えがされている動産，強制競売の開始決定があった不動産等，強制執行による差押え等がされている債権その他の財産に対してもできる（滞調法21，29，36の2，36の3等）。この場合に滞納処分による売却のための手続きは，原則として，強制執行による差押えの取消し，強制競売の申立取下げまたは強制競売の手続取消決定，強制執行による差押命令の申立取下げまたは差押命令取消決定の後でなければ，することができない（滞調法22，30，36の8等）。

なお，強制執行等の手続きが中止・停止されたときは，徴収職員等は執行裁判所に滞納処分続行承認の決定を請求できる（滞調法25，33，36の11）。この申請に対し，裁判所は相当と認めるときは滞納処分の続行を承認する旨の決定をする（滞調法26，33，36の11等）。滞納処分続行承認の決定があったときは，強制執行による差押え等は，滞納処分による差押え後にされたものとみなされ（滞調法27，33，36の11），その後は，税務署長が滞納処分による売却の手続きを進める。

第4節　国税犯則取締法

「国税犯則取締法」（明治33年法律第67号）は，国税に関する犯則事件に対する収税官吏（しゅうぜいかんり）による調査手続きを定めるとともに，間接国税について刑罰に代わるものとして**通告処分制度**を定めることにより，国税犯則事件の解明・防止を図ることを目的とする（国犯法1）。

「国税犯則取締法」は，国税犯則事件につき収税官吏に様々な調査権限を与え，事件の解明を図るための制度を定めている。具体的には，**任意調査権限**として犯則嫌疑者もしくは参考人に対する質問権およびこれらの者の所持する物件等の検査権等（国犯法1），強制調査権限として裁判官の許可を得ての臨検，捜索，差押権等（国犯法2）が認められる。

収税官吏は，直接国税の犯則事件の調査により犯則の事実があったと思料するときは，告発の手続きをとる（国犯法12の2）。また，間接国税の犯則事件の場合には，その調査を終了したときに所轄の国税局長等に調査結果を報告する（国犯法13）。

「国税犯則取締法」は，間接国税犯則事件につき，刑罰に代わる特別な手続きとして「通告処分」という制度を定めている。

通告処分とは，国税局長等が間接国税に関する犯則事件の調査により犯則の心証を得たときは，犯則者に対して理由を明示して，罰金・科料に相当する金額等を指定の場所に納付すべき旨を通告することをいう（国犯法14①）。

「通告処分」に従うか否かは，犯則者の意思による。犯則者が通告の旨を履行したときは，もはや同一事件につき刑事訴追を受けることはない（国犯法16）。通告の内容を履行しないときは，国税局長等が告発の手続きを行う（国犯法14②）。

索　引

〔あ　行〕

青色事業専従者 …………………………… 97
青色事業専従者給与 ……………………… 98
青色申告者 …………………………… 97, 128
青色申告書 ………………………………… 26
青色申告制度 …………………………… 26, 84
青色申告特別控除 ………………………… 98
青色申告の特典 …………………………… 26
青色申告法人 ……………… 26, 55, 62, 74
圧縮記帳 …………………………………… 56
圧縮限度額 ………………………………… 56
洗替え低価法 ……………………………… 44
洗替え方式 ………………………………… 46

異議決定書 ……………………………… 198
異議審理庁 ……………………………… 198
異議申立て ………………………… 197, 198
遺言 ……………………………………… 132
遺産に係る基礎控除額 ………………… 136
遺贈 ……………………………………… 131
委託販売 ………………………………… 32
一時所得 ………………………………… 108
一部・全部貸倒損失 …………………… 58
一括償却資産の損金算入方式 ………… 48
一括評価金銭債権 ……………………… 60
一括比例配分方式 ……………………… 154
一般売掛債権等 ………………………… 59
一般寄附金 ……………………………… 65
一般財産税 ……………………………… 5
一般消費税 ……………………………… 4
一般的な役員給与 ……………………… 63
一般動産 ………………………………… 142
移動平均法 …………………………… 43, 46
医療費 …………………………………… 115
医療費控除 ……………………………… 115
印紙税 …………………………………… 161
印紙納付 ………………………………… 188
隠蔽仮装行為 …………………………… 69

受取使用料 ……………………………… 38
受取地代 ………………………………… 38
受取配当等 ……………………………… 39
受取家賃 ………………………………… 38
受取リース料 …………………………… 38
受取利息 ………………………………… 37
売上原価 ………………………… 30, 41, 96
売上高基準 ……………………………… 61
売掛債権 ………………………………… 59
売掛債権等 ……………………………… 58
運送収益 ………………………………… 36

営業所得 ………………………………… 92
永小作権 ………………………………… 140
益金算入項目 …………………………… 27
益金の額 …………………………… 27, 28, 30
益金不算入項目 ………………………… 27
役務完了基準 …………………………… 36
役務収益 ………………………………… 35
延滞税 …………………………………… 192
延滞税・加算税等 ……………………… 70

応能負担の原則 ………………………… 87
概ね一定額の経済的利益 ……………… 64

〔か　行〕

海外投資等損失準備金 ………………… 62
会議費 …………………………………… 67
外形課税対象法人 ……………………… 172
外国貨物 ………………………………… 147
外国税額控除 ……………… 75, 125, 137
外国法人 …………………………… 25, 85
解釈通達 ………………………………… 14
改定後定期同額給与 …………………… 63
改定前定期同額給与 …………………… 63
買取意思表示基準 ……………………… 32
外部付随費用 …………………………… 49
各事業年度の所得 ……………………… 27
各事業年度の所得金額 ………………… 31
各種所得 …………………………… 80, 86
各相続人の相続税額 …………………… 136
拡張解釈 ………………………………… 20
確定決算 ………………………………… 75
確定決算主義 …………………………… 28
確定所得申告 …………………………… 129
確定申告 …………………………… 76, 88
確定申告期間 …………………………… 83

確定申告書	76, 92	棄却	198
過誤納金	191	期限後申告	186
過誤納金還付請求訴訟	199	期限内申告	186
加算税	192	技術役務の提供	36
貸倒実績率	60	基準期間	149
貸倒損失	58	犠牲説	3
貸倒引当金	59	規則	10, 13
貸倒引当金繰入限度額	59, 60	基礎控除	121
過少申告加算税	192	期中取得資産	54
課税遺産額	136	規定の解釈方法	19
課税売上高	149	揮発油税	163
課税売上割合	153	寄附金	29, 36, 49, 65, 67, 70
課税繰延措置	56	寄附金控除	118, 127
課税権・徴収権	4, 6	基本通達	14
課税権者	6	期末売掛金基準	61
課税財産	133	義務説	3
課税事業者	150	却下	198
課税所得	28	旧償却方法	53
課税所得金額	87	――適用資産	52, 53, 54
課税処分	187	給与	29, 62, 69, 70
課税標準	4, 172	給与所得	100
課税標準申告書	188	給与所得控除額	102
課税物件	4	給与所得者	101
課税要件	15	狭義の特別償却	55
課税要件法定主義	15	強行規定	18
課税要件明確主義	15	強制解除事由	203
課税留保金額	73	協同組合等	24
仮装経理	75	共同施設税	182
家族従業員の給料	97	居住無制限納税義務者	132, 135
過大報酬	64	金銭給付	2
割賦販売	33	金銭債権	58
合併	42, 50	金銭による一括納付	144
過納金	191	金銭納付	188
寡夫控除	119	金銭の払込み	45
寡婦控除	119	均等割	169
貨物割	173	勤労・資産結合所得	80
簡易課税制度	154	勤労学生控除	119
簡易簿記	84	勤労所得	79, 80
換価代金等	205		
換価の猶予	205	区税	6, 7
関税	6, 166	繰上請求	189
完成工事原価	30	繰上保全差押え	189
間接消費税	4	繰延資産	57
間接税	5	訓示規定	19
間接付随費用	42		
完全子法人株式等	39	軽減税率	72, 151
還付加算金	191	経済的利益	65, 100
還付金	191	形式的効力の原則	21
還付所得事業年度	71	軽自動車税	180
関連法人株式等	39		

経常的所得 ……………… 80, 88, 112
決算利益 …………………………… 28
月次移動平均法 …………………… 43
月次総平均法 ……………………… 43
血族相続人 ………………………… 132
欠損金の繰越控除 ………………… 71
欠損金の繰戻し還付 …………… 71, 72
欠損事業年度 ……………………… 71
決定 ………………………… 187, 200
減額改定給与 ……………………… 64
減額更正 ………………………… 187
減価償却資産 ……………………… 47
減価償却費 ……………………… 52, 54
原価法 ………………………… 43, 46, 97
現金主義 ………………………… 150
検収基準 …………………………… 32
検針日基準 ………………………… 32
源泉徴収 ……………………… 86, 101
源泉徴収税 ………………………… 87
源泉徴収税額 …………………… 37, 75
源泉分離課税 ……………………… 81
現年所得課税 …………………… 170
現物出資 …………………………… 42
権利確定主義 ………… 28, 33, 38, 94
権利金等の認定課税 ……………… 70

公益法人等 ………………………… 24
航海完了基準 ……………………… 36
高価買入資産 ……………………… 49
交換 …………………………… 42, 50
――説 ……………………………… 3
工業所有権等 ……………………… 36
公共法人 …………………………… 24
航空機燃料税 …………………… 164
鉱区税 …………………………… 176
合計所得金額 …………………… 119
広告宣伝費 …………………… 67, 68
広告宣伝用資産 …………………… 38
交際費 …………………… 66, 67, 68, 69
鉱産税 …………………………… 181
工事完成基準 ……………………… 34
工事進行基準 ………………… 34, 150
公社債・投資信託 ……………… 142
公需説 ……………………………… 2
控除限度超過額 ……………… 74, 75
更正 ……………………………… 187
公正処理基準 ……………………… 27
後退税率 …………………………… 82
公的年金等 ……………………… 110
公的年金等控除額 ……………… 110

購入 …………………… 42, 45, 49
後発的事由による更正の請求 …… 186
交付要求先着手主義 …………… 207
交付要求制度 …………………… 203
公法上の団体 ……………………… 1
効力規定 …………………………… 19
国外源泉所得 …………………… 24, 85
国際租税回避対抗措置 …………… 22
国際租税法 ………………………… 11
告示 ……………………………… 13
国税 ………………………… 6, 8, 9, 12
　――の徴収 …………………… 188
　――の徴収権 ………………… 194
国税局 ……………………………… 8
国税不服審判所 ………………… 197
国税優先の原則 ………………… 206
国内源泉所得 …………………… 24, 85
国民健康保険税 ………………… 182
個人事業者 ……………… 146, 171
個人納税義務者 ………………… 85
個人の道府県民税 ……………… 170
固定資産 …………………………… 47
　――の譲渡 …………………… 36
固定資産税 ……………………… 178
固定資産税評価額 ………… 141, 142
誤納金 …………………………… 191
個別財産税 ………………………… 5
個別指定告示 …………………… 13
個別対応方式 …………………… 153
個別通達 ………………………… 14
個別評価金銭債権 ……………… 59
個別法 …………………………… 43
5分5乗方式 …………………… 123
後法優先の原則 ………………… 22
ゴルフ会員権 …………………… 143
ゴルフクラブ入会金 …………… 69
ゴルフ場利用税 ………………… 175

〔さ　行〕

災害関連支出 …………………… 114
裁決 …………………………… 198, 200
再更正 …………………………… 187
財産再分配説 …………………… 131
財産税 ……………………………… 5
財産の換価 ……………………… 204
財産の差押え …………………… 200
財産評価基本通達 ……………… 141
最終仕入原価法 ………………… 43
財政調整交付金 …………………… 7

債務確定主義	30, 58, 96, 100
債務控除	135
債務免除益	38
先入先出法	43
差押財産	201
差押先着手主義	206
差押手続き	201
差押命令	210
雑所得	110
雑損控除	114
雑損失	89
——の金額	114
——の繰越控除	89
更地価額	70
算出税額	31, 74, 87
残存価額	52
残存耐用年数	52
山林所得	104
仕入税額控除	152
自家建設等	49
時価法	46
時間基準	37
仕切精算書到着日基準	32
事業	146
事業者	146
事業者免税点制度	149
事業所税	179
事業所得	79, 92
事業税	171
事業専従者	98
事業専従者控除	98
事業年度	25
事業年度課税	25, 83
事業年度独立の原則	71
事業の用に供されていない資産	48
自己成育牛馬等	49
自己成熟果樹等	49
自己製造等	42
資産所得	79, 80
資産の賃貸借契約	38
資産の販売	28
資産評価益	40
資産評価損	58
資産割	180
事実の隠蔽	193
事実の仮装	193
地震保険料控除	117
事前確定届出給与	64
市町村税	6

市町村たばこ税	180
市町村民税	177
執行上の租税公平主義	17
執行通達	14
実地棚卸	41
質問検査等	195
指定寄附金	13, 66
自動確定の国税	185
自動車重量税	166
自動車税	175
使途秘匿金	73
資本的支出	50
資本等取引	29, 38
資本取引	29
資本割	172
シャウプ勧告	26
社会還元説	131
社会保険料控除	116
借地権	70
社交団体入会金	69
収益事業	24, 25, 92
収益税	4
収益の分配金	40
重加算税	193
従価税	162
従業者割	180
集金基準	36
自由償却	57
修正契約日基準	37
修正申告	186
住宅借入金等特別税額控除	126
収得税	4, 79
収入金額	86
収入すべき金額	94
従量税	5, 162
縮小解釈	20
取材費	67
酒税	161
受贈益	38, 45, 56, 70
出荷基準	31
出庫基準	31
出資	50
取得原価主義	40
ジュニアNISA	91
狩猟税	176
準確定申告	129
純資産増加説	23
純損失	89
——の繰越控除	89, 113
上位法令優先の原則	21

索　引　217

障害者控除	118, 137
少額・短期償却資産	48
少額広告宣伝費	67
少額社外飲食費	67
少額投資非課税制度	91
小規模事業者	84, 149, 150
償却	57
償却原価法	46
償却限度額	52, 54, 55, 57
償却超過額	54
条件付差押禁止財産	201
使用収益開始基準	32
上場株式	142
譲渡	29, 106
譲渡益	107
譲渡原価	30
譲渡収益	29
譲渡所得	79, 106
譲渡割	173
使用人給与	62
使用人兼務役員	62
試用販売	32
消費税	4, 145
――の課税期間	157
――の課税対象	145
――の税率	151
商品引換券等	33
商品評価損	43, 97
正味売却価額	43
消滅時効	195
賞与	49
剰余金処分方式	62
省令	13
条例	9, 12, 13
所管法令優先の原則	21
所得	23
所得金額	79, 86
所得源泉説	23
所得控除	72, 86
所得税	4, 79
――の課税標準	79, 81
――の納税義務者	84
――の納税地	85
所得税額	87
所得税額控除	75
所得税補完説	131
所得割	169, 172
初年度特別償却	55
処分禁止の効力	202
白色申告法人	26, 55

白色申告者	84, 98
人格のない社団等	25
申告納税額	87, 128
申告納税制度	8, 26, 83
申告納税方式	185
申告分離課税	81
審査請求	197, 198
新償却方法	52
新法不遡及の原則	21
垂直的公平	17
水平的公平	17
水利地益税	181
据付完了基準	35
据付工事収益	35
助郷役	2
税額控除	74, 87
生活用動産	106, 117
生計を一にする	97
税源	3
制限解釈	20
制限税率	8
制限納税義務者	25, 132
生産高比例法	53
製造原価	42
政党等寄附金特別税額控除	127
生物	47
税法	8
税務代理人	196
税務調整	28
生命保険契約に関する権利	140
生命保険料控除	117
税率	15, 82
政令	13
石油ガス税	164
石油税	165
絶対的差押禁止財産	201
全額洗替え方式	61
全額貸倒損失	59
専担者売買有価証券	45
前年所得課税	170
増額更正	187
増加償却	55, 97
総合課税	81, 111
――される譲渡所得	107
――となる所得	88
葬式費用	135
総所得金額	81

相続財産	131		

- 相続財産 …… 131
- 相続時精算課税方式 …… 138
- 相続税 …… 5, 131
- ——の課税価格 …… 134, 135
- ——の総額 …… 134, 135
- 相続人 …… 131
- 相次相続控除 …… 137
- 相当の地代 …… 70
- 総平均法 …… 43, 46
- 贈与 …… 42, 49, 50
- 贈与財産 …… 131
- 贈与税 …… 131
- 贈与税額控除 …… 137
- 遡及立法 …… 21
- 属地主義 …… 20
- 租税 …… 1
- ——の存立根拠 …… 2
- ——の転嫁 …… 4, 5
- ——の分類基準 …… 3
- 租税応益説 …… 16
- 租税応能説 …… 3, 16
- 租税救済法 …… 10
- 租税公平主義 …… 12, 16
- 租税実体法 …… 9
- 租税重課措置 …… 22
- 租税条約 …… 14
- 租税処罰法 …… 10
- 租税手続法 …… 10
- 租税特別措置 …… 22
- 租税平等主義 …… 16
- 租税負担公平性 …… 3
- 租税法 …… 8
- ——の解釈 …… 18
- ——の時間的限界 …… 21
- ——の人的限界 …… 20
- ——の適用 …… 20
- 租税法律関係 …… 8
- 租税法律主義 …… 1, 12, 15, 197
- 租税優遇措置 …… 22, 26, 84
- その他の株式等 …… 40
- その他の雑所得 …… 110
- その他の事業所得 …… 92
- その他の売買目的有価証券 …… 45
- その他有価証券 …… 45
- 租庸調制度 …… 2
- 損益通算 …… 88, 112
- 損益通算適用後の課税標準 …… 89
- 損金 …… 30
- 損金算入項目 …… 27
- 損金不算入項目 …… 27

〔た 行〕

- 第1次相続 …… 137
- 第2次相続 …… 137
- 大会社 …… 76
- 大規模法人 …… 48
- 代襲相続 …… 133
- 退職給与 …… 65
- 退職所得 …… 103
- 退職所得控除額 …… 104
- 第二次納税義務 …… 208, 209
- 滞納処分 …… 188, 189, 200
- ——の執行の停止 …… 206
- 代物弁済 …… 42, 50
- 大法人 …… 172
- 耐用年数 …… 51
- 宅地開発税 …… 182
- 多段階消費税 …… 4
- 立木 …… 141
- 棚卸資産 …… 142
- ——の評価方法 …… 44
- たばこ税 …… 163
- 短期譲渡所得 …… 108
- 短期保有株式等 …… 40
- 単純累進税率 …… 83
- 単税一法主義 …… 9
- 担税者 …… 4, 5
- 担税力 …… 3
- 単段階消費税 …… 4
- 担保の提供 …… 190
- 地上権 …… 140
- 地方消費税 …… 173
- 地方税 …… 6, 8, 9, 12
- 地方税控除限度額 …… 126
- 地方税法 …… 9, 12, 13
- 仲介・斡旋報酬 …… 35
- 中間申告 …… 76
- 中古資産の耐用年数 …… 52
- 中小企業者等 …… 48, 55, 72
- ——の少額減価償却資産の損金算入 …… 48
- 中小法人 …… 55, 60, 68, 72, 172
- 超過累進税率 …… 82, 89, 136, 138
- 長期割賦販売等 …… 33
- 長期工事の請負 …… 34
- 長期譲渡所得 …… 108
- 長期性所得 …… 80
- 長期大規模工事 …… 34
- 長期棚上げ債権 …… 59
- 調査の事前通知 …… 195

徴収の繰上げ	189
直接消費税	4
直接税	5
直接付随費用	42
通告処分制度	194, 211
通常の更正の請求	186
通達	8, 14
月数按分法	54
積切基準	36
定額控除限度額	68
定額税率	82
定額法	52
低価法	43, 97
定義規定	18
定期給与	63
定期金に関する権利	140
定期同額給与	63
定時改定給与	63
定率法	52
200％――	53
250％――	53
低廉譲渡	65
手続的保障原則	16
電話加入権	142
同居特別障害者	120, 121
同族会社	62
――の特定役員	62
同族関係者	73
道府県たばこ税	175
道府県民税	169
登録免許税	162
時の経過により減価しない資産	48
特殊形態の給与	63
督促	189
特定寡婦	119
特定期間	149
特定寄附金	118
特定公益増進法人等	66
特定中小企業者等	55
特定同族会社の留保金課税制度	73
特定納税義務者	132
特定扶養親族	121
特別償却	55, 97
狭義の――	55
特別償却限度額	55
特別税率	89
特別土地保有税	179
特別法	12, 22
特別法優先の原則	22
特例基準割合	191
都市計画税	181
都税	6, 7
土地建物等の譲渡所得	107
都道府県税	6
取替法	53
取消訴訟	199
取引所の相場のない株式	142
取引相場のないゴルフ会員権	143
取引高税	152
とん税	167

〔な　行〕

内国税	6
内国法人	24, 25, 85
内部通算	112
内部付随費用	49
二重課税排除	39
二段階取引説	29
NISA（ニーサ）	91
荷積み基準	32
入湯税	181
任意規定	18
任意調査権限	211
値引販売	100
年貢	2
年賦による延納	144
年末調整	82, 83, 101
農業所得	92
納税	
――の告知	189
――の請求	188
――の猶予	190
納税義務	1, 185
納税義務者	4, 5, 176
納税告知書	189
納税申告書	186
納税地	25
納付税額	31, 74, 135
納付の督促	188
延払基準	33, 150

〔は　行〕

売価還元法 ……………………………… 43
配偶者 …………………………………… 132
配偶者控除 ……………………………… 120
配偶者税額軽減 ………………………… 137
配偶者特別控除 ………………………… 120
配当 ……………………………………… 205
配当控除 ………………………………… 124
配当所得 ………………………………… 90
売買目的外有価証券 …………………… 46
売買目的有価証券 ………………… 44, 46
倍率方式 ………………………………… 141
罰科金等 ………………………………… 70
発行時収益計上法 ……………………… 34
発生主義 ………………………………… 30
発売日基準 ……………………………… 36
反対解釈 ………………………………… 20
搬入基準 ………………………………… 32
販売基準 …………………………… 31, 32, 33
販売費，一般管理費 …………………… 30
販売費・一般管理費等 ………………… 97
販売費等 ………………………………… 67
判例 ……………………………………… 15

非永住者 ………………………………… 85
非課税 …………………………………… 80
非課税貨物 ……………………………… 148
非課税財産 ……………………………… 134
非課税所得 ………… 80, 90, 101, 103, 105, 106, 108
非課税取引 ……………………………… 148
非居住者 ………………………………… 85
非居住無制限納税義務者 ………… 132, 135
引渡し ……………………………… 28, 31
　──基準 ……………………………… 31
引渡時収益計上法 ……………………… 34
非減価償却資産 ………………………… 48
非支配目的株式等 ……………………… 40
被相続人 ………………………………… 131
必要経費 …………………………… 86, 97
備忘価額 ………………………………… 52
　──貸倒損失 ………………………… 59
標準税率 ………………………………… 8
比例税率 ………………………………… 82
日割・月割発生基準 …………………… 36

賦課 ……………………………………… 8
賦課課税方式 ……………………… 185, 187
付加価値税 ……………………………… 145
付加価値割 ……………………………… 172

賦課決定 ………………………………… 188
不課税取引 ……………………………… 145
賦課徴収 ………………………………… 8
複税一法主義 …………………………… 9
福利厚生費 ………………………… 67, 68
付随費用 ………………………………… 42
附帯税 …………………………………… 191
普通償却限度額 ………………………… 55
普通税 …………………………………… 6
普通法人 ………………………………… 25
復興特別所得税 …………………… 82, 128
物納 ………………………………… 2, 144, 188
物納財産 ………………………………… 144
不動産 …………………………………… 98
不動産取得税 …………………………… 174
不動産所得 ……………………………… 98
不納付加算税 …………………………… 193
不服審査 ………………………………… 197
不服申立 ………………………………… 199
　──前置主義 ………………………… 200
部分完成基準 …………………………… 34
部分完了基準 …………………………… 36
部分計画棚卸 …………………………… 41
富裕税 …………………………………… 5
扶養控除 ………………………………… 121
扶養親族 ………………………………… 121
不労所得 …………………………… 79, 80
不労所得説 ……………………………… 131
粉飾決算 ………………………………… 75
文理解釈 ………………………………… 19
分離課税 …………………………… 81, 88, 104
　──となる所得 ……………………… 88
分離課税方式 …………………………… 171

別段の定め ……………………………… 27
別表四 …………………………………… 28
変更解釈 ………………………………… 20
変動所得 ………………………………… 124
返品調整引当金 ………………………… 61

包括的指定告示 ………………………… 13
法源 ……………………………………… 11
法人 ……………………………………… 24
法人擬制説 ………………………… 23, 38, 39
法人事業税 ……………………………… 172
法人実在説 ……………………………… 23
法人税 …………………………………… 23
法人税率 …………………………… 31, 72
法人税割額 ……………………………… 178
法人税割の標準税率 …………………… 171

索　引

法人等の市町村民税 …… 178
法人納税義務者 …… 85
法定繰入率 …… 60
法定算出法 …… 46
法定償却法 …… 53
法定申告期限 …… 186
法定相続人 …… 132
法定相続分 …… 133
法定耐用年数 …… 51
法定納期限 …… 77, 188
法定評価法 …… 44
法的安定性 …… 19, 21
法令適用の一般原則 …… 21
保険料説 …… 2
保証金・敷金等 …… 39
補正解釈 …… 20
保税地域 …… 147
保全差押え …… 206
保全差押金額 …… 189
本来の財産 …… 133

〔ま　行〕

満期保有目的等有価証券 …… 45

未成年者控除 …… 137
みなし規定 …… 18
みなし給与 …… 100
みなし仕入率 …… 155
みなし相続財産 …… 134
みなし役員 …… 62

無益な差押えの禁止 …… 201
無形固定資産 …… 47
無効等確認訴訟 …… 199
無償取得資産 …… 29
無償による資産の譲渡 …… 29
無償による譲受け …… 29
無申告加算税 …… 193
無制限納税義務者 …… 24
無利息融資効果 …… 56

命令 …… 12
免税 …… 80
免税事業者 …… 149
免税所得 …… 81

目的税 …… 6
目的論解釈 …… 19

〔や　行〕

役員 …… 62
役員給与 …… 62, 63
約定日基準 …… 37

有価証券 …… 44
　──の譲渡 …… 37
　──の譲渡原価 …… 46
有価証券評価益 …… 46
有価証券評価損 …… 46
有形固定資産 …… 47
有償取引同視説 …… 29
有利な発行価額 …… 45
輸出免税等 …… 149
輸入取引に係る消費税の課税標準 …… 151

予測可能性 …… 19, 21, 207
予定納税額 …… 87
予定納税制度 …… 84
予約販売 …… 33

〔ら　行〕

リース期間定額法 …… 53
リース資産 …… 50
利益税 …… 4
利益説 …… 3
利益連動給与 …… 64
履行期日到来基準 …… 33
利子所得 …… 89
利子税 …… 192
利子割 …… 90, 171
利付債権 …… 45
リバースチャージ方式 …… 152
利払期基準 …… 37
流通税 …… 5
臨時改定給与 …… 63
臨時所得 …… 124
臨時的所得 …… 80, 88, 112

累進税率 …… 82
類推解釈 …… 20

暦年課税 …… 83
暦年課税方式 …… 138
レジャークラブ入会金 …… 69
劣化資産 …… 49

老人控除対象配偶者 …… 120

老人扶養親族 …………………………… 121	
路線価 …………………………………… 141	〔わ 行〕
論理解釈 ………………………………… 19	割増償却 ………………………………… 55

平成28年4月15日　初版発行		略称：租税入門

租税法入門

著者©	菊　谷　正　人
	依　田　俊　伸
	井　上　行　忠
	酒　井　翔　子
発行者	中　島　治　久

発行所　同文舘出版株式会社
東京都千代田区神田神保町1-41　〒101-0051
営業（03）3294-1801　編集（03）3294-1803
振替 00100-8-42935　http://www.dobunkan.co.jp

Printed in Japan 2016　　　DTP：マーリンクレイン
印刷・製本：萩原印刷

ISBN978-4-495-17661-7

JCOPY 〈(社)出版者著作権管理機構 委託出版物〉
本書の無断複製は著作権法上での例外を除き禁じられています。複製される場合は，そのつど事前に，出版者著作権管理機構（電話 03-3513-6969，FAX 03-3513-6979, e-mail: info@jcopy.or.jp）の許諾を得てください。